スポーツでひろげる国際理解 ②

差別をのりこえていくスポーツ

監修：**中西哲生**（スポーツジャーナリスト）

第2巻 差別をのりこえていくスポーツ

「スポーツマンシップ」という言葉は知っていますね。競技大会の開会式で「われわれはスポーツマンシップにのっとり正々堂々と闘うことを誓います」などと選手代表が宣誓するときに口にしたりします。聞いたことがあるでしょう。

スポーツマンシップとは、「スポーツマン精神」ともいわれ、スポーツをする人が身につけるべき態度や心構えのこと。〈対戦する相手に敬意をはらい、ひきょうな振る舞いをせず、ルールに従って公明正大に闘う態度や心構え〉をいいます。広い意味では、競技をする場だけでなく、日常の場においてもスポーツマンとして同様の態度・心構えで生活することをも意味します。スポーツとは、身体を使った競技・ゲーム・運動そのものだけでなく、〈相手を尊敬する〉とか〈ずるいことをしない〉などの精神的文化をあわせもっているものなのです。

第2巻では、そんな文化的側面からスポーツをながめ、スポーツの魅力と可能性について考えてみましょう。スポーツの歩んできた道をふり返ると、決して楽しいことばかりだったわけではありません。いまも負の側面がなくなったわけではありません。でも、スポーツには、世界の人々をひとつにする力、すばらしい未来を切り拓く可能性があることに気づいてくれることと思います。

中西哲生
（スポーツジャーナリスト）

もくじ

1章　スポーツと人権の歴史

スポーツの良心
- スポーツマンシップ　　4
- 人と人をつなぐ　　6
- 人々を元気づける　　8

スポーツのなかの差別
- なくならない人種差別　　10
- 日本のスポーツ界でも差別が　　12
- 女性差別はなくなったか　　14

スポーツと国籍
- 全国大会出場への道のり　　16
- 日本国籍をとる　　18

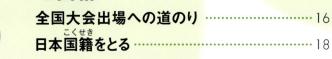

スポーツと「国」
オリンピックのメダル争い ……… 20
「国」の枠をこえて ……… 22

スポーツと政治
スポーツを政治に利用する ……… 24

戦争とスポーツ
戦争がもたらす暗い影 ……… 26
戦争で亡くなったスポーツ選手 ……… 28

2章　スポーツの国際交流

日本のスポーツの恩人たち
日本にスポーツを紹介した人たち ……… 30
本場から来日した強豪たち ……… 32
スポーツ界を盛り上げた外国人選手 ……… 34
日本を強化したコーチたち ……… 36

外国のスポーツに貢献

外国チームの強化につくす ……… 38
発展途上国にスポーツを ……… 40
海外にライバルがいて強くなる ……… 42

スポーツで世界をつなぐ

卓球が国と国とのかけ橋に ……… 44

さくいん ……… 46

コ ラ ム

大舞台で励まし合った2人 ……… 7
敗戦後の日本人を元気づけたスイマーとレスラー ……… 9
サチェル・ペイジ ……… 10
アフリカ系選手の活躍 ……… 11
日本の女性アスリートの先駆者たち ……… 15
外国人スポーツ留学生の活躍 ……… 17
大相撲の外国出身親方 ……… 19
ヒトラーのベルリン・オリンピック ……… 24

難民選手団 ……… 27
バロン西の最期 ……… 29
柔道を海外に伝えた日本人 ……… 31
テニスの「アジアの壁」 ……… 33
6人のチャンプを育てた名トレーナー ……… 37
発展途上国のスポーツ ……… 41
セナとプロスト ……… 43
荻村伊智朗 ……… 45

スポーツの良心
スポーツマンシップ

対戦相手に敬意をはらう精神は、すべてのスポーツに共通しています。柔道・剣道など日本生まれのスポーツでは、競技の前と後に「礼（敬礼）」をします。外国で生まれたスポーツの多くは、握手を交わします。試合前の礼や握手は、スポーツマンシップにのっとって競技することの誓いでもあります。

スポーツマンシップとは、対戦相手に敬意をはらい、ひきょうな振る舞いをせず、ルールに従って公明正大に闘う態度や心構え。これは相手が格上でも格下でも関係ありません。試合の後に交わされる礼や握手は、相手への感謝と相手の奮闘をたたえる意味があります。もちろん勝ち負けに関わりなく行われます。

このスポーツマンシップを誓い合うことがないと競技（試合）は成り立ちません。「ルールを守る」ということは、スポーツを成立させるだいじな条件のひとつですが、それが守るべきことのすべてでないことを覚えておきましょう。またスポーツマンシップは、競技者だけでなくスポーツを取りまくすべての関係者、試合を観戦する人や応援する人にももとめられているものです。

相手をたたえる気持ち

2016（平成28）年8月、東京で開催された「U-12 ジュニアサッカーワールドチャレンジ」の決勝戦での出来事です。

日本と世界のサッカークラブのジュニアチーム、16チームが参加した大会の決勝は、スペインリーグの強豪クラブFCバルセロナとJリーグの大宮アルディージャの対戦になり、試合は1-0でバルセロナが勝ちました。

試合終了直後、チームメイトと抱き合って優勝を喜んでいたバルセロナの選手たちは、グラウンドに崩れ落ちて泣きじゃくる大宮の選手たちの姿に気づくと、当たり前のように歓喜の爆発を中止して大宮の選手たちに駆け寄り、ひとりひとりを抱きしめ顔に手を当て、ていねいに声をかけて回りました。言葉は通じなくても、相手の健闘をたたえ、敬意をはらおうとしていることは、敗れた大宮の選手にも通じました。

試合後に見せたこのスポーツマンシップの行いが評価され、FCバルセロナのジュニアチームは、ローレウス世界スポーツ賞（権威ある世界的スポーツ賞のひとつ）の印象に残るシーンの部門で2017年度の大賞を受賞しました。

1章　スポーツと人権の歴史

▶ジュニアサッカーワールドチャレンジ　大宮アルディージャ対FCバルセロナ戦の試合後の選手たち

写真：Amazing Sports Lab Japan　協力：大宮アルディージャ

フェアプレーと美しい話

マラソンの途中の給水ポイントで、ドリンクに手の届かなかった選手にとなりを走る選手がドリンクを手渡す光景を見たことはありませんか。対戦相手に思いやりを示す行為は、多くの場合「フェアプレー」といわれます。

キエル兄弟の物語

1964（昭和39）年の東京オリンピック、相模湾で行われたヨット競技のフライングダッチマン級での出来事です。3本目のレースが行われた大会5日目は、強風で海が荒れていました。

海面すれすれに身を乗り出しながら波や風と戦い、艇を走らせていたラース・キエルとスリグ・キエルのスウェーデン艇の前方で、オーストラリア艇が横倒しになりました。選手の1人は海に投げ出され、1人はやっと艇にしがみついていました。キエル兄弟は、レースを中断して100mばかりを逆走し、投げ出された選手の救助にあたりました。救助活動後にレースを再開したキエル兄弟は、なんとか完走だけは果たしました。

この日のレースは、出走した艇の3分の1以上が転覆や故障でゴールできず、スウェーデンにとっては、いちばん上位を狙えるレースでした。しかしレース後の2人は、「海の男として当たり前」と笑顔でコメントしたといいます。

フェアプレーとは

キエル兄弟の話は、フェアプレーの典型ともされています。スポーツマンシップにのっとった気持ちのよい行いであることはまちがいありませんが、本来のフェアプレーとはこうした行為だけではありません。

フェアプレーとは、白熱した試合中にあってもスポーツマンシップをつらぬく態度や心をいいます。フェアプレーとは、決して派手なものではありません。試合が終わったとき、勝ち負けに関係なく選手・観客とも気持ちのよい試合だったと感じられたなら、その試合はスポーツマンシップが発揮されたフェアな試合だったのです。

スポーツの良心
人と人をつなぐ

　スポーツにはたくさんの大きな力があります。つらい出来事に打ちのめされたとき、スポーツが立ち上がらせてくれることはよくあります。同じチームとして助け合ったり、ライバルとして競い合ったりするなかで、生涯の友が生まれることがあります。スポーツに打ちこみ、スポーツマンシップを自分のものとしたとき、人は自分を信じるとともに他人を信じることができるようになるのです。スポーツには、人と人を結びつける力があるのです。

棒高跳びの決勝で

　右の写真は、銀と銅が半分ずつつなぎ合わされたオリンピックメダルで、「友情のメダル」とよばれています。棒高跳びの大江季雄選手と西田修平選手のメダルです。

　1936（昭和11）年に開かれたベルリン・オリンピックの棒高跳び決勝。4m35を跳んだアメリカのメドウス選手の優勝が決まり、日本の大江選手と西田選手がそれに続く4m25を跳んでいましたが、競技は打ち切られました。1回目でクリアした西田選手が2位、2回目でクリアの大江選手が3位になりました。

▲西田修平選手が所持した友情のメダル。右半分が銀、左半分が銅メダル。
写真：早稲田大学大学史資料センター

友情のメダル

　しかし表彰式にのぞんだ西田選手は、まだ学生だった大江選手を表彰台の2位の位置に立たせて銀メダルを受け取らせ、自分は銅メダルを手にしました。そして帰国後、2人の話し合いによって生まれたのが、この「友情のメダル」でした。

　第二次世界大戦の始まりで、2人が次に目ざしたオリンピック東京大会は中止になり、召集されて陸軍に入った大江選手はフィリピンで戦死しました。スポーツは2人の青年に固い友情を結ばせ、戦争が2人の夢を断ち切りました。

▲表彰台の西田修平選手（奥）と大江季雄選手（手前）。中央はアメリカのアール・メドウス選手。
写真：慶應義塾

1章　スポーツと人権の歴史

レース中の接触

　スポーツでは、それまで会ったこともない対戦相手、言葉さえ通じない競争相手とのあいだに固い友情が生まれることもあります。

　2016（平成28）年のリオデジャネイロ・オリンピック。陸上競技の50キロ競歩に出場して3位でゴールした荒井広宙選手は、レース終盤の48kmでカナダのエバン・ダンフィー選手をぬき返したとき、ダンフィー選手と腕がぶつかり、ダンフィー選手をよろけさせていました。レース終了後、カナダ側の訴えで荒井選手は失格となり、4位でゴールしたダンフィー選手が3位になりました。すると、こんどは日本側が不服を申し立てました。

　メダルの行方がかかったそんな微妙なとき、ドーピング検査室で荒井選手を見かけたダンフィー選手が「ごめんね」と声をかけてきました。ダンフィー選手は、「あれは、ぼくが訴えたわけじゃないんだ」とカナダ側の抗議について謝ってきたのです。レース中にぶつかったことを怒ってもいませんでした。荒井選手は、「うれしくなって、ハグしてしまった」といいます。

生涯の友に

　レースから3時間半後、日本の抗議が認められて荒井選手の銅メダルが確定しました。「これ以上の争いは、メダルを勝ち取るのではなくメダルを奪う行為だ」と思ったダンフィー選手は、カナダの関係者と相談して、それ以上の追及をやめました。

　閉会式で再会してさらに会話を交わすことができた2人は、いっしょに写真を撮って友だちになりました。荒井選手は「接触があったから仲良くなれた。スポーツのよさですね」といい、ダンフィー選手は、「わたしたちは生涯の友人」「スポーツマンシップの大切さを実践できたのは幸運だった」と語っています。

▶競い合う荒井広宙選手とエバン・ダンフィー選手。荒井選手は3位でゴールしました。

大舞台で励まし合った2人

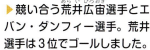

　リオ・オリンピックでは、もうひとつ美しい友情のドラマが生まれました。陸上女子5000mの予選、3000mほど走った集団のなかで選手が接触、2人の選手が転倒しました。先に起きたアビー・ダゴスティノ選手（アメリカ）が、ニッキ・ハンブリン選手（ニュージーランド）に手を貸し立ち上がらせ、いっしょに走り出しました。しかし、ダゴスティノ選手はすぐにしゃがみこんでしまいました。足を負傷していたのです。こんどはハンブリン選手が立ち止まってダゴスティノ選手に手を差しのべました。あきらめかけていたダゴスティノ選手を最後まで走ろうとなんども励ましました。2人はすでに集団からはまったく遅れていましたが、痛む足を引きずるように走りだしました。ダゴスティノ選手が最後にゴールすると、先にゴールしていたハンブリン選手が「すごい！」といって駆けよりました。2人は会心の笑顔で抱き合うことができました。

▲レース直後のダゴスティノ選手（アメリカ／左）とハンブリン選手（ニュージーランド／右）。　写真：UPI/アフロ

スポーツの良心
人々を元気づける

スポーツには、見ている人を元気づけ、励まし、勇気をあたえる、そんな力もあります。

阪神・淡路大震災で神戸が大きな被害を出した1995（平成7）年、プロ野球のオリックス・ブルーウェーブは、「がんばろうKOBE」をその年の合言葉にかかげてシーズンを闘いました。これ以後、スポーツ団体が「がんばろう〇〇」を合言葉にして、大きな災害からの復興に積極的に取り組むことが多くなりました。

21世紀に入って爆弾テロ事件が多発するようになったヨーロッパでは、悲しみにくれる人々を励まし、犠牲者を追悼するために試合が行われることがあります。そんな試合では、競技開始前に犠牲者を追悼して競技場全体で黙とうが行われます。選手が黒いリボンをつけて闘うこともあります。

▲肩に「がんばろうKOBE」の文字をつけた1995年のオリックスの選手たち。この年、イチロー選手は、首位打者、打点王、盗塁王などを獲得して、被災者を勇気づけました。

"なでしこ"がもたらした勇気

2011（平成23）年3月、日本は東日本大震災に見舞われました。戦後最大の大災害に日本中が落ちこんでいたとき、日本に勇気と明るさを取りもどすきっかけをもたらしたのが、サッカー日本女子代表の「なでしこジャパン」でした。

この年の7月にドイツで行われた、FIFA女子ワールドカップ。これまでベスト8が最高の成績だった日本代表は、グループリーグを2位で突破すると、準々決勝で3連覇をねらうドイツに勝利、準決勝で強豪スウェーデンを破りました。決勝の相手は、世界ランキング1位、これまで日本が24戦して1度も勝ったことのないアメリカでした。ここでも日本代表は失点を2度追いつく粘りを見せ、PK戦の末に優勝を勝ち取ったのでした。

りっぱな体格のヨーロッパやアメリカの選手に立ち向かっていく小さな「なでしこ」たち。この快挙は、避難所のテレビから声援を送っていた被災者はもちろん、多くの国民の心をゆさぶり、元気づけました。まさに「がんばろうニッポン」と、国民を励ます感動的な出来事になりました。

◀2011年のFIFA女子ワールドカップで優勝した、なでしこジャパンの選手たち。中央で優勝トロフィーをかかげているのが、この年のFIFA最優秀選手賞に輝いた澤穂希キャプテン。

敗戦後の日本人を元気づけたスイマーとレスラー

古橋広之進 (1928-2009年)

日本がまだ敗戦直後の食糧難にあったころのことです。日本大学の水泳選手だった古橋広之進選手は、国内の水泳大会の自由形種目で何度も世界新記録を出しました。しかし、戦争の影響で記録は公認されず、1948（昭和23）年のオリンピックにも出場できませんでした。翌49年、全米水上選手権大会に出場できた古橋選手は、自由形3種目とリレーで世界新記録を出して優勝し、アメリカから「フジヤマのトビウオ」とよばれました。レースは日本でもラジオで実況中継され、古橋大活躍のニュースは、敗戦と食糧難に苦しんでいた日本人に自信と希望をあたえました。

力道山 (1924-1963年)

敗戦後に大相撲を引退した元関脇の力道山は、プロレスラーに転向、1953（昭和28）年に日本プロレス協会を設立して自らリングに上がりました。この年テレビ放送が開始されました。テレビでプロレスの人気が高まってくると、力道山は、プロレスを広めるためにアメリカからシャープ兄弟やルー・テーズなどのレスラーを招いて試合をしました。街頭テレビは、プロレスの中継で黒山の人だかりになり、力道山が必殺の空手チョップで白人レスラーを倒すと、観衆は大喜びでした。力道山は、敗戦を引きずっていた日本で、最初の英雄となりました。

写真：毎日新聞社

◀ NWAヘビー級タイトルマッチで、世界チャンピオンのルー・テーズに空手チョップを見舞った力道山（1957年10月7日、東京・後楽園球場特設リンク）。

病気の子どもを元気づける

アメリカのプロ野球やプロバスケットボール、プロゴルフなどの選手たちのあいだでは、重い病気で入院している子どもたちを訪問して励ます活動が日常的に行われています。あこがれのスポーツ選手に会い、握手をしたり話をしたりすることは、病気の子どもたちにとって、これ以上ない励ましになるのです。

約束のホームラン

1926年のある日、大リーグの大打者ベーブ・ルース選手は、重い病気で入院中だった11歳の少年を見舞いました。そして、「ぼくのために明日のワールドシリーズでホームランを打って」とお願いされました。翌日、彼が約束通り特大ホームランを打つと、勇気をもらった少年はその後病気と闘い、やがて退院して学校にも通えるようになったといいます。ホームラン王を12回も獲得したベーブ・ルース選手は、当時の子どもたちのあこがれでした。

スポーツ選手のチャリティー活動

現在、ヨーロッパやアメリカで活躍している南米やアフリカ出身スポーツ選手のなかには、出身国の貧困や病気をなくす活動に積極的に貢献している選手がたくさんいます。貧しい地域の子どもたちにスポーツ道具や医薬品を贈る、多額の寄付をするなど、自分を育ててくれた国に恩返しをしているのです。

日本でも、チャリティー活動に力を注ぐスポーツ選手やチームが多くなってきました。福祉施設を積極的に訪問したり、車いすなどを寄付したりする選手も増えてきています。

スポーツのなかの差別

なくならない人種差別

　現代は、みんながスポーツの持つすばらしい力を認め、スポーツで世界をより良いものにしていく時代です。しかし、その足を引っぱる問題もあります。人種差別です。人種差別は、スポーツの世界にかぎらず、どんな世界でも許されるものではありませんが、なかなか根絶できないむずかしい問題です。

プロ野球「黒人リーグ」

　かつてアメリカには「ニグロリーグ」とよばれる「黒人（アフリカ系国民）」だけのプロ野球リーグがいくつもありました。1920年代から1948年ごろのことです。人種差別が公然と存在した時代で、アフリカ系選手は大リーグに参加できなかったからです。アフリカ系選手は自分たちだけでリーグをつくって試合をしていました。

　第二次世界大戦後の1947年になって、ニグロリーグで活躍していたジャッキー・ロビンソン内野手がブルックリン・ドジャースからデビューし、「最初の黒人大リーガー」となりました。白人（ヨーロッパ系国民）とともに戦争を戦ったことが、アフリカ系選手の大リーグ参加への道を開いたともいわれています。

　ジャッキー・ロビンソン選手に続くアフリカ系選手たちの大リーグでの活躍は、50年代から始まった「黒人」の地位向上をめざす公民権運動に力をあたえました。アメリカの人種差別が法律によって撤廃されたのは、1964年の公民権法の成立によってでした。

サチェル・ペイジ
（1906～1982年）

　ニグロリーグで大活躍した伝説のプロ野球投手がいます。サチェル・ペイジ選手は、1920年代からニグロリーグのチームを渡り歩き、約2500試合に登板、2000勝以上をあげました。完封350試合、ノーヒットノーラン55試合とも伝わっています。1930年の大リーグ選抜との試合では、22個の三振を奪って完封勝利を果たしました。40代で大リーグに移籍し、46歳で12勝10敗の成績を残しました。全盛期の球速は170kmをこえていたともいわれ、野球史上最高のピッチャーとされています。

◀大リーグ時代のサチェル・ペイジ選手

▼アフリカ系初の大リーガー、ジャッキー・ロビンソンをたたえて、全員で彼の背番号42（全球団で永久欠番）をつけた、4月15日の大リーグの選手たち。　写真:AP／アフロ

大リーグでは、彼が大リーグデビューした4月15日が、「ジャッキー・ロビンソン・デー」になっているよ。

1章 スポーツと人権の歴史

現代も続く差別的なヤジ

2017年5月、アメリカのプロ野球大リーグの試合で、オリオールズのアダム・ジョーンズ外野手に対して、その日対戦したレッドソックス側のファンから黒人差別の言葉があびせられ、ものが投げつけられる事件が起こりました。この件は、テレビ・新聞でも大きく報道されました。レッドソックス球団は直ちに謝罪するとともに、そのファンを球場出入り禁止の追放処分にする厳しい処置をとりました。

2017年10月には、大リーグのワールドシリーズで、ドジャースの日本人投手ダルビッシュ有選手からホームランを打ったアストロズの選手が、ベンチでアジア人をさげすむような顔まねをして問題になりました。アメリカ大リーグ機構（MLB）は、これを許されない人種差別行為として、アストロズの選手に5試合出場禁止処分を科しました。

差別をなくすために

アメリカやヨーロッパでは、人種差別行為をなくすために社会もスポーツ界も努力を続けています。サッカーの国際団体である国際サッカー連盟（FIFA）などのスポーツ団体は、人種差別について厳しい姿勢をとっています。

▲2017年5月、佐藤琢磨選手（写真中央）が世界3大自動車レースの「インディ500」で優勝しました。日本人としては初めての優勝でした。このとき、アメリカのスポーツ記者が「日本人が優勝したのは不愉快」とツイッターに投稿しました。批判を受けて記者は謝罪しましたが、会社は人種差別的発言として記者をやめさせました。

写真：Sutton Motorsport Images／アフロ

「日本人が優勝したのは不愉快」なんてひどいよね。

アフリカ系選手の活躍

アメリカでは、アメリカンフットボールのプロリーグ（NFL）やバスケットボールのプロリーグ（NBA）の人気が高いようです。学生リーグも日本の高校野球のように国民的な人気があります。2014年の調査によると、NFLで活躍する選手のうちの67％が、NBAの選手の77％が、アフリカ系の選手です。

また、オリンピックの陸上競技や世界陸上競技選手権大会を見ていると、アフリカ系選手の活躍が目立ちます。アフリカ系のアスリートは、一般的に身体能力が高いといえるのかもしれません。国別に見ると、アフリカの国だけでなく、ジャマイカ、アメリカ、イギリスなど、アフリカ以外の国の選手も多くいます。アメリカやジャマイカの選手は200年以上前にアフリカから奴隷として移住させられた人たちの子孫、イギリスなどヨーロッパの選手には、ヨーロッパの国々がアフリカを植民地としていた時代に移住した人たちの子孫が多いようです。

▲アメリカで野球や、アメリカンフットボールとともに人気の高いスポーツが、バスケットボール（NBA）です。1990年代のNBAでスーパーヒーローだったマイケル・ジョーダン選手のシュートシーン。

写真：AP／アフロ

スポーツのなかの差別

日本のスポーツ界でも差別が

観客の差別的なヤジ

　Jリーグの試合で、相手チームのアフリカ系選手や在日朝鮮人選手などに差別的なヤジを飛ばすサポーターがいます。大相撲ではモンゴル人力士に「モンゴルへ帰れ」とヤジを飛ばす観客がいたようです。ゴルフでは、活躍する韓国人選手を見下すようなツイッターの投稿もめだちます。日本人選手を応援したい気持ちから出たとしても、人種・国籍・見た目などのちがいで選手をおとしめるヤジや発言は許されるものではありません。慣れない環境で汗を流しているアスリートの努力を踏みにじる行為です。海外で努力している日本人アスリートに、「日本へ帰れ」と罵声をあびせるのと同じことです。

試合中の選手からも

　選手自身が、対戦相手に差別的なきたない言葉をあびせてしまうこともあります。2017（平成29）年5月、Jリーグで、試合中に熱くなった日本人選手がアフリカ系選手に人種差別とも受け取られかねない言葉をあびせたとして処分されました。差別的な意図をふくんでいたかどうかはわかりませんが、きたない言葉をあびせたことは日本人選手も認め、謝罪しました。

みんながスポーツマンシップを

　選手もファンも勝ちたいと思うあまり、興奮すると相手の選手をおとしめたり、相手の嫌がる言葉を叫んだりしそうになります。しかし、「試合に勝てばよい」「自分だけが気分よく楽しめればよい」というのでは、スポーツマンシップは成り立ちません。すべての人が気持ちよくスポーツを楽しむために、選手もファンも、言葉も暴力になるということを日ごろからはっきり自覚しておく必要があります。

▲ 2014年9月、Jリーグでは各試合の前に両チームのキャプテンによって差別・暴力の根絶に向けた宣言が読み上げられました。写真は、川崎フロンターレの中村憲剛選手。

写真：川崎フロンターレ

差別撲滅宣言

　私たちはみな、同じです。人種や文化的背景が違えど、蔑まれたら悲しく、嫌なことをされたり、言われれば心が痛みます。

　常に相手に対して尊敬の念を持ってプレーする。それを僕はサッカーを通して学び、多くの仲間と絆を築いてきました。

　選手、スタッフ、ファン・サポーター。サッカーを愛する者が集うこの場で差別が行われることは、絶対に許されることではありません。

　差別をなくそうという運動はまだ始まったばかりかもしれませんが、Jリーグが声を上げ続けることで、社会全体も変えていける。皆さんの一人ひとりの意識と力で、今、今日のこの瞬間から変えていける。僕はそう信じています。

　みんなで無くしていきましょう！

川崎フロンターレ キャプテン 中村憲剛

（川崎フロンターレホームページより）

1章　スポーツと人権の歴史

日本サッカー協会の姿勢

　日本サッカー協会（JFA）も国際サッカー連盟（FIFA）とともに、反差別・反人種差別・反暴力など人権擁護の理念を高くかかげ、リスペクト（大切に思うこと）プロジェクトに力を注いでいます。選手・指導者・サポーター・子どもたちに、差別や暴力の撲滅やスポーツマンシップの普及を図るだけでなく、Ｊリーグの試合などで差別行為や暴力行為が行われたときには、厳しい態度で対処する姿勢を見せています。

▲2014年3月23日、埼玉スタジアムで行われた浦和レッズ対清水エスパルスの試合（無観客試合）。差別横断幕事件のペナルティーとして、浦和のホームゲームであるこの試合が観客入場禁止の処分を科せられました。

写真：産経ビジュアル

サポーターの心ない横断幕

　2014（平成26）年3月のことです。一部の浦和レッズサポーターたちが、Ｊリーグの試合に「JAPANESE ONLY（日本人にかぎる）」と書いた横断幕をかかげました。横断幕のねらいはさまざまに解釈されましたが、外国人を差別していることにまちがいはなく、大きな問題になりました。後日Ｊリーグは、会見で自ら謝罪するとともに、たびたび問題を起こしてきた浦和サポーターと差別的な横断幕を撤去させなかった浦和レッズに対し、1試合を無観客試合とする処分を下しました。

日本のサッカーファンが世界の手本に

　サッカーは見る人を最も興奮させるスポーツのひとつです。イギリスにはサッカー会場の内や外で暴動を起こす「フーリガン」とよばれる凶悪なクラブサポーターたちがいます。日本には、そこまで乱暴なサポーターは少ないようですが、中国・韓国などとの外交関係が悪化すると、人種差別をあらわにする人たちが増えてきます。試合後の応援席を掃除して帰る姿が世界から称賛された日本のサッカーファンは、同時に、相手へのリスペクトの気持ちを強く持ったサッカーファンであってほしいものです。

日本サッカー協会がかかげる「リスペクト宣言」

行動規範11

| 最後まで全力でプレーする | フェアプレーを心がける |

| ルールを守って行動する | 対戦相手に友情と尊敬を持って接する | 勝利につつしみを敗戦にもほこりを |

| 仲間を増やす | 環境をよくする | 社会の一員として責任ある態度 |

| 健全な経済感覚 | 薬物・差別など社会悪と戦う | 感謝と喜び |

スポーツのなかの差別
女性差別はなくなったか

現在、オリンピック憲章が禁じている差別は、人種差別だけではありません。政治・宗教はもちろん性別・性的指向までふくめた、あらゆる差別を禁じています。オリンピックにも開始当初は明らかに女性差別がありました。女性に参政権が認められていない時代ですから、スポーツ界だけに女性差別があったわけではありませんが、女性がスポーツをすることについての男性たちの見方は、いまとはずいぶんちがったものだったようです。

女性がいないオリンピック

1896（明治29）年の第1回オリンピック・アテネ大会は男性だけによる大会でした。女性は1人も参加していません。近代オリンピックをつくったクーベルタンも、女性が観衆の前で競技することには反対でした。男性たちには、女性が激しく競う姿は美しいものではない、女性は勝者をたたえる存在であるべきだとする考え方があったようです。第2回のパリ大会は、女性らしいスポーツと認められたテニスとゴルフで女性の参加が許されました。しかし女性の参加者は22人。参加総数997人の2.2%でした。

▼女性が初めて参加した第2回パリ・オリンピックのテニスで、女子シングルスと混合ダブルスで優勝したイギリスのシャーロット・クーパー選手。

オリンピックの女性の参加比率の変化

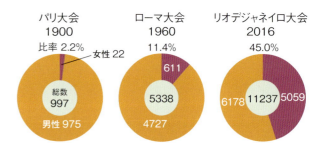

パリ大会 1900	ローマ大会 1960	リオデジャネイロ大会 2016
比率 2.2% 女性22 総数997 男性975	11.4% 611 5338 4727	45.0% 6178 11237 5059

女性の参加競技が増えてくる

女性たちが希望していた女子陸上競技がオリンピック種目に採用されたのは、1928（昭和3）年のアムステルダム・オリンピックでした。この大会には日本からも人見絹枝選手が女性として初参加。その後、女性の参加できる競技がしだいに増加していきます。1984年のロサンゼルス・オリンピックで、女性には最も過酷なスポーツとされてきた女子マラソンが採用されました。同時に、女性のみの競技としてシンクロナイズドスイミングと新体操が採用されました。シンクロと新体操は、華やかなコスチュームがテレビ向きというのが採用の理由だったともいわれています。レスリングやボクシングにも女子種目ができ、2012（平成24）年のロンドン・オリンピックは全競技で女子種目が実施される大会となりました。2016年のリオデジャネイロ・オリンピックの女性選手の比率は、45%になりました。

1章　スポーツと人権の歴史

ヒジャブをまとったアスリート

最近、さまざまな競技の世界大会で、イスラムの教えに従い、ヒジャブ（スカーフのような布）で頭をおおって試合にのぞむ女性が見られるようになりました。

2014（平成26）年のアジア大会で、女子バスケット競技に参加したカタールチームが、ヒジャブの着用を認められなかったために、試合を放棄して帰国しました。わたしたちの感覚からするとスポーツには不向きとも思えますが、宗教の教えによるものですから、彼女たちにとってヒジャブの着用はだいじなことなのです。

文化のちがいを乗りこえて

もともとイスラムは、女性の肌の露出をできるだけ控える文化です。スポーツへの参加をふくめて、女性が社会に出ることも歓迎されません。しかし、そんなイスラムの国々でも、最近は社会に進出する女性たちが増え、スポーツ選手も増えて

▲ 2016年のリオデジャネイロ・オリンピックでは、女子ビーチバレーのエジプトチームの選手たちが、ヒジャブをかぶり全身をスーツでおおった姿で躍動して注目を集めました。

きています。ヨーロッパの基準に合わないといって簡単に切り捨てるのではなく、ちがいを認め合って多くの人が参加できるようにするのがスポーツマンシップにのっとった解決でしょう。イスラム世界の女性の社会進出を応援することにもなります。

日本の女性アスリートの先駆者たち

人見絹枝（1907-1931年）

岡山県で生まれた人見絹枝選手は、高等女学校（女子の中学校）時代からスポーツ選手として活躍を始めました。1928（昭和3）年のアムステルダム・オリンピックに参加、日本人女性初のオリンピック選手となりました。43人の日本人選手中ただ1人の女性選手でした。ドイツのリナ・ラトケ選手とデッド・ヒートを演じた陸上女子800m走は、1位のラトケ、2位の人見ほか数選手がゴール直後に失神して倒れこんだため、女性には厳しすぎる種目として、以後1960年までオリンピック種目からはずされました。日本人女性で最初のメダリストともなった人見選手は、1926年からの4年間に、100m走、200m走、走り幅跳びで4つの世界新記録を出し、1931年に24歳の若さで亡くなりました。

前畑秀子（1914-1995年）

次のロサンゼルス・オリンピック（1932年）には、陸上競技9人、水泳に7人の日本人女性選手が参加しました。前畑秀子選手が200m平泳ぎでとった銀が、女性ただ1つのメダルでした。その前畑選手が大活躍を見せ日本中に名を知らしめたのが、4年後、1936年のベルリン・オリンピックでした。ふたたび200m平泳ぎに出場した前畑選手は、地元ドイツのマルタ・ゲネンゲル選手に競り勝ち、金メダルを獲得しました。2人がゴールに迫ったとき、試合をラジオ中継していたNHKのアナウンサーが、「前畑ガンバレ、前畑ガンバレ」をくり返し絶叫しました。日本女性初の金メダリストとなった前畑選手は、一躍「時の人」ともなりました。

▲ 800m競走で競り合う人見絹枝選手（左）とリナ・ラトケ選手（右）。人見選手は身長170cmと日本人としては長身のアスリートでした。

スポーツと国籍
全国大会出場への道のり

国体に出られなかった王選手

　選手時代に1本足打法で868本のホームラン日本記録を樹立し、国民栄誉賞の第1号も受賞している王貞治元プロ野球監督。野球の世界大会WBCの第1回大会（2006年）では、日本代表チームの監督も務めました。その王さんが、高校野球の選手だったとき、日本国籍でないことから野球大会に出られないことがありました。

　1940（昭和15）年に台湾人の父の次男として東京で生まれた王さんは、早稲田実業高校に入学すると、野球部に入って投手となりました。2年生でエースとなった王さんは、1957年の春、全国高校野球の甲子園大会に出場して優勝投手となりました。4試合完投し、3試合完封というすばらしい成績でした。しかし、早稲田実業がこの年の国民体育大会（国体）の高校野球硬式競技に選ばれたとき、中華民国（台湾）国籍の王さんは、日本人でないという理由で、出場することができませんでした。

▲ 1957年春の選抜高校野球大会で力投する王貞治選手（早稲田実業高校）。　写真：毎日新聞社

日本国籍が参加の条件

　当時の国体や全国高等学校総合体育大会（インターハイ）には、参加資格に「日本国籍を有する者」という条件がありました（国籍条項）。

　インターハイは1994（平成6）年、国体は2006年から参加資格の国籍条項がゆるめられ、日本で生活する外国籍の人たちも多くが大会に参加できるようになりました。21世紀に入って世界は、経済も文化も人々の活動の場も国という枠をこえてグローバル化が進んでいます。日本では、国体・インターハイだけでなくたくさんの競技大会が開かれていますが、国籍に関係なく日本で生活する人すべてが参加できる大会になるといいですね。

◀ 1977年、37歳で国民栄誉賞を授与された王貞治さん。右は福田赳夫首相（当時）。

写真：毎日新聞社

1章　スポーツと人権の歴史

大会に出場できなかった学校

　個人が日本国籍でないために大会に参加できなかったのと同じように、国内にある朝鮮学校やインターナショナルスクールといった小中高校のチームがスポーツ大会に参加できないこともありました。朝鮮学校やインターナショナルスクールは、在日朝鮮人・外国人のための学校です。文部省（いまの文部科学省）が定めた教育内容とはちがう教育をしている学校ということが、参加させてもらえない理由でした。

▲大阪朝高の大きな円陣。チームが一丸となって相手を倒しにかかるよう、試合前に選手全員で組まれ気合いを入れます。　　写真：大阪朝鮮高級学校

朝鮮高校が全国大会に

　大阪に大阪朝鮮高級学校という高等学校があります。サッカー、ラグビー、ボクシングなどスポーツの強豪校です。1970年代につくられたラグビー部がかなり強いことは早くから知られていましたが、高校ラグビーの公式の大会に参加できなかったため、実力はよくわかりませんでした。1990年代、先生方や関係者の努力でインターハイや全国大会への参加が認められるようになると、大阪地区でベスト16、ベスト4、準優勝と勝ち進むようになりました。

　2003（平成15）年には全国高校ラグビーフットボール大会の大阪府予選で優勝、初めて高校ラグビーの聖地「花園」へと進みました。以後6年連続をふくめて9回の全国大会出場を果たし、いまは国内トップクラスのラグビー校と認められるようになりました。

外国人スポーツ留学生の活躍

　駅伝やマラソンで、ケニア人選手などアフリカからの留学生が活躍している姿を見たことはありませんか。長距離走にかぎらず、さまざまな競技で外国人のスポーツ留学生を招いてチームが強くなっている高校や大学があり、留学生の大会参加を不公平とする意見もあります。

　しかし、いまは国外の学校やチームに入って自分のレベルアップをはかろうとするスポーツ留学は、世界でもふつうのことになっています。自宅から遠く離れた強豪校に進学して寮生活を送る国内の高校スポーツ留学は、ずいぶん前からあたりまえになっていました。

　そうした時代に、人種や国籍で留学生を大会から排除することになんのメリットもありません。意欲のある留学生を迎え入れることは学校やチームのレベルアップになります。同様に、大会でそうした選手と競い合うことは大会のレベルアップにもつながります。

▲国内の駅伝やマラソン大会で日常の光景となった外国人選手の力走する姿。

　グローバル化する現代、日本国内の競技大会だからといって参加資格の垣根を高くするのではなく、できるだけ垣根を低くして開かれた大会にしたいものです。

スポーツと国籍
日本国籍をとる

　日本のスポーツ界には、日本国籍をとった外国出身者がたくさんいます。日本で生まれ育った在日韓国人・在日朝鮮人や在日中国人、親や祖先が日本人という日系の外国人、スポーツ留学して長く日本で生活している人、日本人と結婚し家族と日本で生活している人など、いろいろな立場の人がいます。国籍は気軽に変えられるものではありません。だれもが思い悩んだ末に、スポーツにかける夢を成しとげたい、日本に恩返ししたい、と考えて国籍変更を決断したようです。

氷上の格闘技

　アイスホッケーは、カナダやアメリカのほか、東欧や北欧の国々で人気のスポーツ。スピードと激しいぶつかり合いが魅力で、「氷上の格闘技」ともよばれます。日本のアイスホッケーは、競技人口が少なく、世界ランキングは20位前後。1998（平成10）年の長野大会以後はオリンピックの出場権も獲得できていません。

　そんなアイスホッケーの日本代表が、世界のトップグループ（最上位ディビジョン）にもう一歩まで迫っていたことがあります。1970年代のことです。日本のアイスホッケーの押し上げに貢献したのが、若林仁（メル）と若林修（ハービー）の日系カナダ人兄弟でした。

▼札幌オリンピックのアイスホッケーで活躍する若林修選手（ゼッケン18）。

写真：毎日新聞社

父母の祖国のために

　2人はカナダで日本人の両親のもとに生まれ育ち、ともにアメリカのアイスホッケー大学リーグでトップ・プレーヤーとして活躍しました。1960年代後半、両親の祖国・日本に渡った2人は、本場カナダのプレーを発揮して日本リーグを盛り上げます。さらに国籍をカナダから日本に変更して、選手としてコーチとして日本アイスホッケーのレベルアップに貢献しました。若林修選手は、日本リーグ通算206ゴール、164アシスト。1972（昭和47）年の札幌大会から3大会連続でオリンピックに出場、世界選手権に8回出場しています。

　1970年代、日本はオリンピックで連続して9位を獲得、世界選手権でも10位から14位を確保していました。日本でアイスホッケーの人気が一番高まったこの時期を引っ張ってくれたのが、カナダから帰化した若林兄弟でした。

日本を活躍の舞台に選ぶ

　日本国籍を取った選手が多いスポーツには、プロ野球、大相撲、バスケットボール、ラグビー、卓球などがあります。野球は在日コリアンから、相撲はハワイやモンゴルから、バスケットはアメリカや中国から、ラグビーはニュージーランドから国籍変更した選手が多いようです。サッカー界にもたくさんの選手がいます。与那城ジョージ、ラモス瑠偉、呂比須ワグナー、三都主アレサンドロ、田中マルクス闘莉王。みなサッカー王国ブラジルの出身です。日本サッカー強化のために日本のクラブや高校に誘われて来日し、日本サッカー

1章　スポーツと人権の歴史

▶ 2015年ワールドカップに出場したラグビー日本代表チーム。日本、ニュージーランド、トンガ、韓国、南アフリカなどの国籍のほか、母親が日本人で外国で生まれた人、日本に高校留学してきた人、日本の大学でラグビーをみがいた人、学校卒業後日本のラグビーリーグにきた人など、代表になるまでの事情もさまざまです。

写真:Press Association/アフロ

リーグやJリーグで活躍しました。日本国籍をとったことでサッカー日本代表にもなっています。

多国籍のラグビー日本代表

2015（平成27）年、ラグビーの日本代表がワールドカップで大健闘して注目を集めました。このとき、初めてラグビーワールドカップを見た人たちは、日本代表に外国出身選手がたくさんいることにおどろいたかもしれません。

オリンピックや多くのスポーツが各国代表について国籍主義をとっているのに対し、ラグビーのワールドカップは、地域主義（所属協会主義）をとっています。日本代表についていえば、一定の条件はありますが、3年以上日本で生活していれば代表になることが可能なのです。ですから、日本代表の外国出身選手には、日本国籍をとった人も外国籍のままの人もいました。それでも、みな日本のリーグで活躍を続けてきた選手ばかりでした。

国際試合と国籍

ラグビー以外のスポーツでは、日本代表をめざすために国籍を変更するという、つらい経験をした選手が何人もいます。

いま、日本にも世界にも、国籍とはちがう国で長く生活している人が大勢います。現代は海外留学や就職、国際結婚も活発で、国籍とちがう国で生まれ育った人もふつうにいます。また、自分の国がなくなりちがう国で暮らさざるをえなくなった人、そうした両親のもとに生まれた子や孫、武力紛争や飢餓のために、難民としてちがう国で生活している人もいます。どこの国籍も持っていない無国籍の人さえいるのです。

また一方で、最近は経済的に豊かな新興国が、国の存在感を高めるためにアフリカの優秀な陸上選手を集めて国籍をあたえ、自国の代表選手にするなど不自然なことも起きています。オリンピックなどでのメダル争いが過熱して国際大会がメダル至上主義になると、こうした傾向が強まっていくことになります。

未来へ向けて、ラグビーのような地域主義や、国を参加（構成）単位としない世界大会が模索されるべきかもしれません。

大相撲の外国出身親方

外国人力士が引退後に相撲部屋の親方になるには、日本国籍が条件とされています。

日本国籍を取得して部屋の親方になった外国出身力士

12代東関親方
（元関脇 高見山／ハワイ出身）

15代武蔵川親方
（元横綱 武蔵丸／ハワイ出身）

15代鳴戸親方
（元大関 琴欧洲／ブルガリア出身）

11代友綱親方
（元関脇 旭天鵬／モンゴル出身）

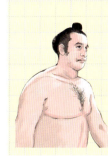

スポーツと「国」

オリンピックのメダル争い

テレビでオリンピックやスポーツの世界大会を見ているとき、わたしたちは自然に日本の選手を応援しています。日本人選手が外国の選手に勝つとうれしくなります。もちろん日本人だけでなく、外国の人々も、自分の国の選手を力を入れて応援します。しかし、日本選手や日本チームへの思い入れや応援がいき過ぎると、時としてスポーツマンシップを見失ってしまうことがあります。

メダル獲得が最優先？

スポーツ庁や日本オリンピック委員会（JOC）が、2020年東京オリンピックの金メダルの目標数を発表しました。オリンピックが始まると、新聞に獲得メダルの国別ランキングが掲載されます。しかしオリンピック憲章は、「オリンピックは選手のあいだの競争であって国家間の競争ではない」「各国別の得点順位は認められない」といっています。「参加することに意義がある」といわれたオリンピックは、いつから各国のメダル争いの場になったのでしょうか。

山下とラシュワンの柔道決勝

1984（昭和59）年のロサンゼルス・オリンピック、男子柔道無差別級決勝戦での出来事です。日本のエース山下泰裕選手は2回戦で右足を痛めていました。対戦相手はエジプトの巨漢モハメド・ラシュワン選手。だれの目にも傷ついた山下選手は不利に見えました。しかし試合が始まると、ラシュワン選手は山下選手の痛む足を強引に攻めることはしませんでした。試合は、一瞬のスキをとらえた山下選手が寝技に持ちこんで勝ちました。

敗れたラシュワン選手は、試合後の表彰式で、表彰台に上がる山下選手に自然に手を貸していました。ラシュワン選手が山下選手の足をまったく攻めなかったわけではないようですが、ひきょうな攻撃のない、正々堂々とした戦いであったことを両者が認めています。ラシュワン選手は、この試合でユネスコ（国際連合教育科学文化機関）からフェアプレー賞を贈られました。

金メダルが遠のいたエジプト

1948（昭和23）年以来オリンピックで金メダルがないエジプトで、ラシュワン選手は最も金メダルに近づいた選手でした。この試合を勝てば36年ぶりの金メダルを祖国にもたらし、英雄になるところでした。上から「けがした足を攻めろ」との指示があったともいいます。しかしラシュワン選手は、国の面目よりもスポーツマン（柔道家）としてのフェアな勝負を優先しました。一時的にラシュワン選手を非難したエジプト国民も、世界からフェアプレーが称賛されると、彼をほめたたえて喜びました。結果としてエジプトは、2004（平成16）年アテネ・オリンピックのレスリングで優勝者を出すまで、金メダル獲得をさらに20年間待つことになりました。

写真：山田真市／アフロ

▼ロサンゼルス・オリンピック柔道無差別級決勝の山下泰裕選手（上）とモハメド・ラシュワン選手。勝負は、山下選手が横四方固めで一本勝ちしました。

1章　スポーツと人権の歴史

スポーツはだれのもの？

オリンピックや世界大会を前にして盛り上がる順位予想。新聞・テレビは、選手の名前をあげて、「金メダル確実」などと国民の熱気をあおり立てます。日本代表になるスポーツ選手は、国のため国民のために、試合をしなければいけないのでしょうか？

日本代表選手たちが、国の選手強化費を使って体力を強化し技術をみがいているのは事実ですが、国や国民が押し付ける勝手なメダルへの期待は、選手たちからスポーツの楽しみを奪い、競技生活を苦しいものにする場合があります。

国立競技場の日の丸

円谷幸吉選手は、1964（昭和39）年の東京オリンピック男子マラソンで第3位になり、銅メダルを獲得した選手です。円谷選手の第3位は、レースの終盤、競技場内でぬかれて2位をのがしたもので、国民が「惜しかったなぁ」と悔しがったレースでした。それでも陸上競技で唯一のメダリストとなり、国立競技場に日の丸をあげたただ1人の選手として国民的ヒーローになりました。

円谷幸吉の悲劇

円谷選手は、当時自衛隊体育学校の学生で24歳。国民の応援を一身に受けて、4年後のメキシコ・オリンピックの金メダルをめざして再び練習生活にもどりました。しかし期待にこたえようと重ねたハードな練習で腰痛が悪化、手術をしても以前のような走りはできなくなりました。周囲からは私生活より競技を優先するよう圧力をかけられ、身も心もずたずたになりながら、金メダル獲得をめざす日々が続きました。

メキシコ・オリンピックイヤーを迎えた1968年1月、まじめで人一倍責任感の強かった円谷選手は、家族への言葉を遺し、自衛隊体育学校の自室で自殺しました。精神主義がスポーツ界を引っぱっていた時代の出来事です。「応援」

▲ 2012年8月、史上初めて行われたオリンピック・メダリストたちの銀座パレード。沿道を埋めつくした観衆の数は50万人といわれました。

写真：毎日新聞社／アフロ

という名の国民の過度な期待と国の圧力が招いた悲劇でした。家族一人ひとりにお礼の言葉を伝える円谷選手の遺書は、国民に深い悲しみをもたらしました。

写真：アフロ

円谷幸吉選手の遺書

父上様 母上様 三日とろろ美味しうございました。干し柿 もちも美味しうございました。敏雄兄姉上様 おすし美味しうございました。勝美兄姉上様 ブドウ酒 リンゴ美味しうございました。

（中略）

甥っ子たちの名前がつづられたりしている

立派な人になってください。

父上様 母上様 幸吉は、もうすっかり疲れ切ってしまって走れません。何卒 お許し下さい。気が休まる事なく御苦労、御心配をお掛け致し申し訳ありません。

幸吉は父母上様の側で暮しとうございました。

1964年10月21日、東京オリンピックのマラソンでゴールに向かう円谷幸吉選手（ゼッケン77）。後ろはイギリスのベイジル・ヒートリー選手（国立競技場）。

スポーツと「国」
「国」の枠をこえて

もっと競技を楽しもう

　BSやCSなどテレビのチャンネルが多くなったせいで、最近は海外のスポーツを見られる機会が増えました。それでも地上波で放送されるのは、日本代表の試合や日本人が出場する試合ばかりで、中継も日本人の競技シーンが中心です。意識的に見ようとしなければ、外国の選手たちの競技を見る機会はなかなかありません。

　日本人が挑戦し活躍するようになって、アメリカの大リーグやゴルフ、サッカーのヨーロッパリーグの放送が増えました。しかし放送は、日本人の出場が予想される試合がほとんど。日本人が出ない試合は視聴率が取れないということなのでしょう。視聴者のほうにも、途中交代で日本人がゲームから退いてしまうと、見るのをやめてしまう人がいるようです。これでは、スポーツ競技を楽しんでいるのか何を楽しんでいるのか、よくわかりません。

　日本人選手を応援するのは、世界のスポーツを見る動機になりやすいものですが、それが世界のスポーツを楽しむすべてではありません。外国人のなかで戦う日本人選手を見ているうちに、外国人選手特有の魅力的なプレーや日本の試合にはな

「日本人選手が出場してないからおもしろくないよ」っていう顔の人がいるね。なんだかなぁ～。

い戦い方、試合を離れた選手の振る舞いなども見られるはずです。見ているうちに選手の名前も覚えて、応援したい選手も出てきます。競技の高いレベルやさまざまなタイプの選手を見ることは、見ているわたしたちの知識や判断力を高めてくれます。スポーツをもっともっと楽しめるようにしてくれるのです。

　「日本のチームが勝ったからおもしろかった、負けたからつまらなかった」「日本人選手が活躍したからよかった、出てこなかったから見ていて損した」では、寂しくありませんか。名前しか知らなかった世界レベルの選手のすばらしいプレー、可能性豊かな若い選手のプレーなど、さまざまな気づきや発見を楽しみながら、海外のスポーツを見るようにしたいものです。とくに有名な日本人選手が出ているわけではないのに、日本でマイナーなスポーツの世界大会や海外の試合を紹介するドキュメンタリー番組がときどき放送されます。スポーツの楽しみの幅を広げる機会ですから、そんな番組もぜひ見てみましょう。

▲ヨーロッパで、サッカーとともに人気のあるハンドボール。インターネットを使った放送も盛んです。

写真：Getty Images

1章　スポーツと人権の歴史

対立が起きやすいサッカーの試合

　政治的な主張をスポーツに持ちこむことは絶対に許されません。それでも国と国の対立が形になって表れやすいのがサッカーの試合です。国際サッカー連盟（FIFA）は、観客にも対戦相手に対するリスペクト（敬意をはらうこと）をもとめていて、サポーター間に激しい対立や暴力が予想される場合には、第三国開催や無観客試合の措置をとることがあります。

サポーターのブーイング

　21世紀になって、中国国内で日本代表が試合をしたとき、中国人サポーターの激しい反日行為にさらされたことが何度かあります。2004（平成16）年のアジアカップでは、中国サポーターが、あからさまに日本の相手国の応援にまわり、日本の国歌演奏や日本選手のプレーにブーイングをあげました。2008年の東アジアカップでは、中国戦に勝った日本代表の帰りのバスが中国サポーターに取り囲まれることもありました。日本政府と中国政府のあいだの政治的対立がクローズアップされた時期で、中国政府の日本非難をサポーターがサッカーの試合に持ちこんだものでした。

ライバルに敬意をはらう

　日本政府と韓国政府の政治的対立が、サッカーの日韓戦に持ちこまれることもよくあります。2010年代に入ってから、両国の一部の心ないサポーターのために、日韓戦の応援が険悪なものになりました。韓国の応援席に、日本の過去の侵略や植民地支配に抵抗した英雄たちの顔を描いた大きな旗や日本民族を非難する横断幕がかかげられる。日本の応援席では、過去のアジア侵略の象徴として韓国の人たちが嫌悪している旧日本軍の大きな軍旗が振りまわされる。そんなスポーツマンシップからかけはなれた応援がくり返されています。相手の主張を一方的に非難して民族的な対立をあおる両国政府の政治姿勢が、スポーツの世界にそのまま持ちこまれているのです。

　韓国サポーターが「いっしょにフランス（大会）に行こう」と横断幕をかかげ、両国サポーターがエールの交換を行った1997（平成9）年のワールドカップ最終予選や、ワールドカップ日韓大会を共同開催した2002年のころのような、相手を最大のライバルとして認め、敬意をはらう関係にもどさなければならないでしょう。

▼2002年5月ワールドカップ前の親善試合韓国対フランス戦で、韓日共同応援のたれ幕をかかげる韓国サポーター（韓国・スウォンワールドカップスタジアム）。　写真：産経ビジュアル

スポーツと政治

スポーツを政治に利用する

オリンピック憲章は、「各国のオリンピック委員会は、自主独立して、政治・宗教・経済などいかなる種類の圧力にも屈してはならない」としています。スポーツは政治的に中立でなければいけないと考えているのです。しかし、近代オリンピックの約120年の歴史のあいだには、国際政治がオリンピックに大きな影を落としたことが何度かありました。

分裂したオリンピック大会

日本は、1980（昭和55）年にソ連（いまのロシア）で行われたモスクワ・オリンピックに参加しませんでした。ソ連のアフガニスタン軍事侵攻に反対するアメリカ政府が、オリンピックのボイコットをよびかけたからです。アメリカに同調した日本政府は、今後のスポーツ予算のことまで持ち出して、日本オリンピック委員会（JOC）に圧力をかけました。JOCは、政府に抵抗できずに大会不参加を決めました。テレビで流された、涙ながらに参加を訴え続ける代表選手たちの姿は、国民の目頭を熱くさせました。

アメリカのカーター大統領（当時）がモスクワ・オリンピック・ボイコットをよびかけたのは、その年の大統領選挙を有利に戦うためだったといわれています。最終的に、西ドイツなど西側諸国の半数近くがボイコットに加わり、参加国は前回を大きく下回る81の国と地域にとどまりました。

4年後の1984年、アメリカで開催されたロサンゼルス・オリンピック。こんどはソ連と東側諸国がボイコットしました。モスクワ大会ボイコットへの報復でした。1980年と84年のオリンピックは、「東西冷戦（東西対立）」といわれていた当時の国際政治が持ちこまれた、分断の大会になりました。

ヒトラーのベルリン・オリンピック

1936（昭和11）年、ドイツの首都ベルリンで第11回オリンピック大会が開催されました。ドイツの最高指導者となっていたヒトラー首相とゲッベルス宣伝相は、この大会を、ユダヤ人迫害で世界の評判を落としていたナチス・ドイツのイメージアップと、ドイツ国民の統合のために利用しました。初めて聖火リレーを採用して大会前から世界にアピールし、大会が始まるとラジオ中継や芸術的な記録映画の製作などメディアをフルに活用しました。スポーツ大会を政治宣伝（プロパガンダ）に利用した典型的な例とされています。

▲スタンドの観客もナチス式の敬礼をしています。

写真:DPA／共同通信イメージズ

1章 スポーツと人権の歴史

表彰台で人種差別に抗議

オリンピックの歴史のなかで、参加選手が政治的主張を行ったとされたこともあります。1968（昭和43）年のメキシコ・オリンピックでの出来事です。

陸上男子200mで第1位と第3位になった2人のアフリカ系アメリカ人選手が、表彰式のアメリカ国旗掲揚・国歌演奏のときに、黒い手袋をつけた片手握りこぶしを高々と突き上げ続けたのです。当時アメリカ国内で起きていた、黒人への人種差別に抗議するためでした。国際オリンピック委員会（IOC）は、この行為を国内の政治問題についてアピールした政治的パフォーマンスと判断。オリンピックの精神に反するとして、2人をオリンピック追放処分にしました。

このように、人種差別反対を政治的主張と見ることもできます。けれども人種差別反対の意思表示が、スポーツマンシップに反する政治的行為なのかどうかはむずかしい問題です。

人種差別排除か政治的中立か

オリンピック憲章は、政治的圧力の排除、平和主義、そしてあらゆる差別を認めないという姿勢を取っています。IOCは、黒人差別のアパルトヘイト政策を取り続ける南アフリカや、黒人差別政策を続けるローデシア（いまのジンバブエ）のオリンピック参加を、拒否したことがあります。IOCは、人種差別政策をとっている国に対しては参加を許さない姿勢をつらぬきましたが、選手の個人的なパフォーマンスは認めませんでした。

メキシコ・オリンピックの表彰式で個人的に人種差別に抗議した選手たちは、母国に帰っても、オリンピックに政治を持ちこんだと、非難にさらされました。しかし近年になって、差別に反対するという2人の主張は、オリンピックの精神に合ったものだとして、彼らの行為を勇気あるものと理解する見方が広まってきています。

▲抗議のこぶしを突き上げるトミー・スミス選手（中央）とジョン・カーロス選手（右）。第2位オーストラリアのピーター・ノーマン選手（左）も賛同して差別反対のバッジを胸につけました。

写真:Shutterstock/アフロ

メダリストにあたえられる特権

現在、国によっては、メダル獲得選手に兵役免除の特典をあたえたり、莫大な賞金をあたえたりしています。「国の威信を高めた功績」というのが理由です。オリンピックメダルは、国ではなく、選手個人の栄誉をたたえて授与されるものですから、これなどもオリンピックの政治的利用といえるかもしれません。

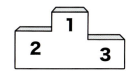

戦争とスポーツ

戦争がもたらす暗い影

オリンピックは単なる総合スポーツ大会ではありません。平和を第一の理念とするスポーツ大会です。開会式・閉会式の選手たちは、肌の色や国籍に関係なく、手を振り合い、手を取り合います。わたしたちは、競技を通して遠く離れた国の選手たちの姿を目にします。もしオリンピックがなかったら、わたしたちはカリブ海の小さな島国の名前やアフリカの小国の国旗を見聞きする機会さえないかもしれません。オリンピックは、まさに「平和のための祭典」なのです。

幻の東京オリンピック

1964（昭和39）年の東京オリンピックだけでなく、第二次世界大戦前の1940年にも東京でオリンピックが予定されていたことを知っていますか。そのオリンピックは、日中戦争の長期化と日本と欧米諸国との関係悪化によって中止になりました。「幻の東京オリンピック」ともよばれています。戦争は、このときの東京大会のほか、オリンピックを何度も中止に追いこんでいます。

ミュンヘン大会の悲劇

1972（昭和47）年のミュンヘン・オリンピック（ドイツ）では、大会11日目、武装したパレスチナゲリラ8人が選手村のイスラエル選手団を襲撃する事件が起きました。ゲリラは2人を殺害、9人を人質にとりました。警察との銃撃戦の末、人質全員とゲリラ5人、警官1人が死亡しました。第二次世界大戦直後から続くパレスチナ紛争の激化が、オリンピックの場に持ちこまれた悲惨な出来事でした。

ユーゴ紛争とイビツァ・オシム

1991（平成3）年から2001年ごろまでヨーロッパ南東部のユーゴスラビアで民族紛争がありました。ユーゴスラビアは多民族が暮らす連邦国家でしたが、1989年に東ヨーロッパ各国で起きた急激な民主化の進行とともに各民族が独立を求めて戦争が起きたのでした。

ユーゴスラビア内の民族対立が激化し始めた1986（昭和61）年から戦闘が激しかった紛争初期の1992年まで、サッカーユーゴ代表チームの監督を務めたのが、のちにＪリーグのチームや日本代表の監督になり、日本のサッカーファンからも尊敬を集めるイビツァ・オシムさんでした。

他民族でひとつのチームを

オシムさんは、バラバラになりかけた祖国と民族のちがいで憎しみ合う国民を、サッカーの力で何とかつなぎ止めたいと思っていました。オシムさんは、各民族からの圧力をはねのけ、どの民族の出身選手も公平に扱って、多民族混成の強力な代表チームをまとめ上げました。1990（平成2）年のワールドカップではユーゴ代表をベスト8

戦争で中止されたオリンピック

年	大会	開催予定地	戦争
1916	第6回夏季	ベルリン（ドイツ）	第一次世界大戦
1940	第12回夏季	東京	日中戦争、第二次世界大戦
1940	（第5回）冬季	札幌	日中戦争、第二次世界大戦
1944	第13回夏季	ロンドン（イギリス）	第二次世界大戦
1944	（第5回）冬季	コルチナ・ダンペッツオ（イタリア）	第二次世界大戦

1章　スポーツと人権の歴史

旧ユーゴスラビア諸国

ワールドカップ出場を決めた日、喜んで街に出るサラエボの人びと（2014年10月）

▲FIFAの資格停止処分を解除されたボスニア・ヘルツェゴビナは、厳しいヨーロッパ予選を勝ち上がり、2014年ワールドカップ・ブラジル大会に初出場を決めました。
写真：gettyimages

に導き、1990年から1991年に行われたUEFAユーロ92（各国代表によるヨーロッパ選手権）の予選第4組では、ユーゴ代表をトップ通過させます。オシムさんは、ユーゴ代表の黄金時代を作り出したのです。

ユーゴ代表チームの崩壊

しかし、ユーロ92の本大会には出場できませんでした。武力紛争勃発で出場権が取り消されたからです。紛争の激化でユーゴ代表チームからは、次々に選手が去っていきました。オシムさんも戦争に抗議して代表監督を辞任しました。

オシムさんが妻と娘を残していた故郷サラエボは1984（昭和59）年に冬季オリンピックが開催されたボスニアの美しい町でしたが、セルビア人勢力によって1395日間も包囲攻撃を受け、オシムさんが家族に再会できたのは2年後のことでした。

民族を和解させたオシム

2011（平成23）年、旧ユーゴスラビアの独立国のひとつボスニア・ヘルツェゴビナのサッカー協会は、民族別に3つに分裂していたため、国際サッカー連盟（FIFA）から資格停止処分を突きつけられていました。このとき招かれて協会を統合し、問題を解決したのも、ユーゴ最高の監督としてどの民族からも尊敬を集めていたイビツァ・オシムさんでした。

▲日本代表チームを教えるイビツァ・オシムさん（左）。2006年から2007年に日本代表監督を務めました。
写真：アフロスポーツ

難民選手団

2016（平成28）年のリオデジャネイロ・オリンピックで初めて難民選手団が結成され、大会に参加しました。選手は、いずれも内戦・部族紛争の激化から故国を脱出した人たち。ヨーロッパへ渡ったシリア難民の競泳選手、ブラジルで暮らすコンゴ民主共和国の柔道選手、隣国ケニアに逃れた南スーダンの陸上選手など10人のメンバーでした。難民選手団が開会式のスタジアムに入場すると、観衆は盛大なスタンディングオベーションで彼らを迎えました。

戦争とスポーツ

戦争で亡くなったスポーツ選手

　東京都文京区にある東京ドームの敷地の片隅に、「鎮魂の碑」の文字が刻まれた石碑が建っています。日中戦争・アジア太平洋戦争に出征して亡くなったプロ野球選手73人の名前が刻まれています。73人のなかには、伝説的な剛腕投手沢村栄治の名もあります。1931（昭和6）年から1945年まで、日本は、中国大陸・東南アジア・太平洋の島々で戦争をおし進めました。この15年の戦争で戦死・戦病死した日本軍将兵は230万人以上、その中には有名・無名のスポーツ選手も大勢いました。戦争のために、将来有望な若きスポーツマンたちが夢なかばに亡くなっていきました。

▶鎮魂の碑。

戦争で散った野球選手たち

　日本プロ野球草創期を代表する大投手とだれもが認める沢村栄治投手は、1938（昭和13）年から44年までのあいだに3度召集され、3度目の入隊で南方に向かう途中、輸送船が台湾沖で撃沈され27歳で亡くなりました。

　沢村投手は、1934年、来日した大リーグ選抜チームと対戦し、ベーブ・ルースやルー・ゲーリックなどの超一流選手から4者連続三振を奪い、黄金時代の大リーガーを驚かせた剛腕投手として知られています。速球のスピードは160キロ超とも170キロともいわれ、職業野球（プロ）の東京巨人軍（いまの読売）では、37年春シーズンに30試合に登板し24勝をあげました。沢村は、現在、先発完投型の優秀投手に毎年贈られる「沢村賞」にその名前を遺しています。

　「東の沢村、西の景浦」といわれ、沢村投手のライバルとして人気を二分していたのが、大阪タイガース（いまの阪神）の景浦将選手（1915〜45年）でした。1936年、2人は日本プロ野球最初の優勝決定戦3試合で対決しました。景浦はその年6勝の投手でありながら大阪の主砲、「史上最強打者」といわれていました。優勝は2勝1敗で東京巨人軍に決まりましたが、沢村のドロップを海まで飛ばした景浦の場外ホームラン、景浦を三球三振にねじ伏せた沢村の投球。2人の対決で優勝決定戦3試合は大いに盛り上がり、「伝統の巨人・阪神戦」の幕開けとなりました。37年、38年の大阪タイガース優勝の原動力となった景浦選手は、1945年、フィリピンのジャングルで亡くなりました。29歳でした。

　1939年の夏の甲子園大会、海草中学のエースとして5試合連続完封、2試合連続（準決勝と決勝）ノーヒットノーランの偉業をなしとげた「伝説の大投手」嶋清一選手（1920〜45年）は、明治大学在学中、学徒出陣で海軍に入隊。45年、乗艦がベトナム沖で撃沈されて戦死しました。24歳の若さでした。新聞記者になるのが夢だったと伝わっています。

　プロ野球・アマチュア野球・学生野球、多くの野球選手が戦争で亡くなりました。

写真：共同通信社

◀沢村栄治投手（1917-44年）。全盛期は左足を高くけり上げて剛速球を投げたといいます。

1章　スポーツと人権の歴史

「ベルリンの奇跡」の4人帰らず

　日本のサッカー史上、「ベルリンの奇跡」とよばれている試合があります。1936（昭和11）年のベルリン・オリンピックで戦われた、スウェーデン戦のことです。当時の日本のサッカーは、世界から圧倒的に後れていました。しかし、4年後に東京オリンピックを計画していることから、日本は世界で人気のサッカーに選手団を送りました。初出場でした。

　日本の1回戦の相手は、優勝候補の一角、強豪スウェーデンでした。だれもが予想した通り日本代表はまったく歯が立たず、0-2で前半を終えました。ところが後半に入って4分にFW川本泰三が、17分にFW右近徳太郎がゴールを奪い追いつきました。予想外の展開に会場は沸き立ち、6000人の観衆はすべて日本の応援に回りました。そして後半40分、FW松永行が決勝ゴールをあげ、3-2でスウェーデンに勝利したのです。想像もしない大番狂わせでした。「日本人がくる、日本人がくる、また日本人がやってくる」。信じられない事態に、スウェーデンのアナウンサーがラジオで連呼した言葉が語り伝えられています。

　そんな「ベルリンの奇跡」の栄光の日本代表チーム。戦争でメンバーの4人が亡くなりました。

▲スウェーデン選手のシュートから日本のゴールを守る佐野理平キーパー（左）。（1936年8月4日、ベルリンのヘルタープラッツ・スタジアム）　写真：共同通信社

　同点ゴールの右近選手は44年にパプア・ニューギニアで、決勝ゴールの松永選手は43年にガダルカナル島で戦死しました。キャプテンのFB竹内悌三選手は、敗戦後シベリア抑留になり、46年にアムール州の収容所で亡くなりました。またスウェーデン戦で控えFWだった高橋豊二選手は、40年、海軍航空隊の訓練中に事故で亡くなったのでした。ベルリン・オリンピックの参加選手では、ほかにも、棒高跳びの銅メダリスト、「友情のメダル」の大江季雄選手が41年にフィリピンで戦死。800mリレーで金メダル、100m自由形で銅メダルに輝いた競泳の新井茂雄選手が、44年にビルマで戦死しています。

バロン西の最期

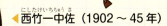

◀西竹一中佐（1902〜45年）

　太平洋戦争の激戦地のひとつ、1945（昭和20）年の硫黄島で、アメリカ軍からその死を惜しまれた日本軍人がいます。日本軍硫黄島守備隊で戦車隊を率いた西竹一中佐です。西は、1932年、アメリカのロサンゼルスで開かれたオリンピックに出場、大会最終日の馬術大賞典障害飛越競技で愛馬ウラヌス号に乗って金メダルを獲った馬術の名手でした。男爵（華族）であり、陸軍士官（当時中尉）でもあった西は、アメリカ上流社会の称賛を集め、「バロン西」とよばれます。多くの映画人とも交際して、名は広く知られるようになりました。それから13年、まだバロン西の名は、忘れられていませんでした。西の戦死を惜しむアメリカ軍人が、バロン西に向かって投降のよびかけを行ったとも伝わっています。西の最期の様子はわかりませんが、オリンピック馬術競技史上ただ1人の日本人メダリスト西竹一は、約2万人の日本軍将兵とともに硫黄島で戦死しました。

▼ロサンゼルス・オリンピックで障害飛越に挑む西竹一選手。写真をもとに描かれた油絵。

写真：陸上自衛隊第1空挺団広報史料館「空挺館」蔵

日本のスポーツの恩人たち
日本にスポーツを紹介した人たち

いまわたしたちが楽しんでいるスポーツは、柔道・剣道・空手など一般に「武道」とよばれるもの以外、ほとんどが外国で生まれたものです。

江戸時代の末期、横浜の居留地にいた欧米人たちは、さまざまなスポーツクラブをつくり、クリケット・フットボール・陸上・水泳・馬術などの競技を楽しんでいました。明治になると、日本人にも体育やスポーツの重要性が認識され、スポーツが広まりました。

野球は、英語を教えるために東京開成学校（いまの東京大学）に招かれたアメリカ人教師ホーレス・ウィルソンが、1872（明治5）年に学生たちに教えたのが始まりといわれています。サッカーは、1873年にイギリス海軍のアーチボルド・L・ダグラス少佐が海軍兵学校で教えたのが起源のようです。1879年には、体操伝習所の教授となったアメリカ人ジョージ・A・リーランドが、テニスやボート競技を伝えています。

おもなスポーツの日本に伝わった年

伝わった年	伝わったスポーツ
1841	体操
1870年代	ラグビー
1872	野球
1873	サッカー
1879	テニス・ボート
1891	スケート
1908	バレーボール
1911	スキー

※伝わった年にはいろいろな説があります。

写真：慶應義塾

◀ 1901年、横浜外人クラブと日本初のラグビーの試合にのぞんだ慶應義塾大学ラグビーメンバー。中央の白いシャツをきた2人が学生にラグビーの指導をしました。左がクラーク教授、右が田中銀之助。

◀ 1885年春の東京帝国大学（いまの東京大学）の学部対抗レガッタを描いた錦絵。東京大学のレガッタ（ボート競技）はイギリス人英語教師F・W・ストレンジの教えを受けて始まりました。

写真：国際写真情報

2章 スポーツの国際交流

ウォルター・ウェストン（1861～1940年）
登山の楽しさを教えたイギリス人宣教師

イギリスで生まれ育ったウェストンは、1888（明治21）年、キリスト教の宣教師として来日しました。布教活動のかたわら、富士山や日本アルプスの多くの山に登り、それまで行われてきた山岳信仰とはちがう近代登山の楽しみを伝えました。登山の楽しみと日本の自然を紹介する本も著しました。

ウェストンは、日本の山々を海外に紹介するにあたって、本州中央部の山岳地帯を初めて「日本アルプス」とよびました。日本の登山の先駆者の小島烏水・岡野金次郎に、日本山岳会創設をすすめたのもウェストンです。北アルプスのふもとの上高地では、毎年6月、多くの登山客を集めて「ウェストン祭」が開かれています。

▼ウェストン祭（長野県松本市）

写真：アルプス観光協会

テオドール・フォン・レルヒ（1869～1945年）
兵隊にスキーを教えたオーストリア陸軍の少佐

日本のスキーの始まりには戦争が関係しています。1911（明治44）年、オーストリア＝ハンガリー帝国軍のレルヒ少佐が、新潟県上越市で兵隊たちにスキーを教えたのが、日本のスキーの始まりとされています。レルヒは、日露戦争に勝利した日本陸軍の研究のために来日していた軍人でした。ロシアとの再衝突に備えていた日本陸軍は、スキーの技術を習得する必要があり、レルヒにスキーを教えてもらったのです。ただし、レルヒが教えたのは1本の杖ですべるスキーでした。一本杖スキーは、すぐに二本杖のスキーに取ってかわられましたが、いまも上越市の金谷山スキー場では毎年2月「レルヒ祭」が開かれています。

▼新潟県高田で軍人に一本杖スキーを指導するレルヒ（左）。

写真：毎日新聞社

柔道を海外に伝えた日本人

嘉納治五郎（1860～1938年）

嘉納治五郎は、古くからあった柔術を青少年の教育のために講道館柔道としてまとめ、「柔道の父」とよばれている人です。東京高等師範学校（いまの筑波大学）の校長となった嘉納は、学生たちに、柔道だけでなく、水泳、陸上、テニス、サッカーなど新しいスポーツも積極的に学ばせました。オリンピックの理念に共鳴した嘉納は、1909（明治42）年、アジア初の国際オリンピック委員会（IOC）委員となり、オリンピックの発展に貢献しています。柔道を海外に紹介することにも力をつくし、柔道が世界のスポーツになる基礎を築きました。

▲1912年、嘉納治五郎（写真左）は2名の選手をつれて、ストックホルムで開催された第5回オリンピック競技大会に団長として同行、日本のオリンピック初参加を実現しました。

写真：毎日新聞社

日本のスポーツの恩人たち

本場から来日した強豪たち

　日本のスポーツが世界レベルになるまでには、たくさんの外国人たちが来日して、日本のスポーツ強化のために力をつくしてくれています。一流選手が来日して、目の前で世界レベルのプレーを見せてくれたこともたくさんあります。高い技術のプレーを見ることが、スポーツ選手のレベルアップの第一歩になるのはまちがいありません。ここでは、早い時期に来日して日本人を驚かせてくれた世界の強豪たちを紹介しましょう。

大リーガーの来日

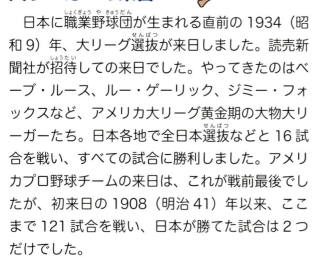

　日本に職業野球団が生まれる直前の1934（昭和9）年、大リーグ選抜が来日しました。読売新聞社が招待しての来日でした。やってきたのはベーブ・ルース、ルー・ゲーリック、ジミー・フォックスなど、アメリカ大リーグ黄金期の大物大リーガーたち。日本各地で全日本選抜などと16試合を戦い、すべての試合に勝利しました。アメリカプロ野球チームの来日は、これが戦前最後でしたが、初来日の1908（明治41）年以来、ここまで121試合を戦い、日本が勝てた試合は2つだけでした。

戦後はシールズの来日から

　敗戦後の初来日は1949（昭和24）年のことです。日本を統治していた占領軍（ＧＨＱ）の招きで、アメリカ大リーグより下のリーグ（ＡＡＡ）のプロ野球チーム、サンフランシスコ・シールズが来日しました。こんどはプロ野球の全日本選抜や読売が6試合を戦いました。川上哲治、青田昇、藤村富美男選手らの打撃陣、スタルヒン、藤本英雄、別所毅彦選手などの投手陣、日本は最強のメンバーで迎え撃ちました。それでも、やっぱり1勝もできませんでした。

　日本の全日本選抜や球団連合チームが、来日する大リーグ選抜や大リーグの球団チームとそれなりに戦えるようになるのは、60年代に入ってからでした。

ヘルシングボーリュの来日

　1951（昭和26）年、スウェーデンのサッカーの強豪クラブ、ヘルシングボーリュが来日しました。ヨーロッパチームの来日は戦後初、1938（昭和13）年のイングランドのチーム以来、13年ぶりでした。当時のスウェーデンのサッカーは、1948年のロンドン・オリンピックで優勝、1950年のワールドカップはイタリア、スペインなどを破って第4位と勢いがありました。ヘルシングボーリュは、そのス

◀ 1949年10月、サンフランシスコ・シールズ対全日本選抜チーム戦の開会式。
写真：毎日新聞社

2章　スポーツの国際交流

ウェーデン代表の中核をになうチームです。日本各地で、全日本選抜、全関西、慶応大学チームなどと6試合を行い、6戦全勝しました。やわらかいボール扱い、たくみなパス交換、するどいダッシュ。日本は圧倒されました。彼らが6試合であげた得点は36点、失点はゼロでした。

世界のサッカーを目の前で

ヨーロッパや南米のサッカーと日本のサッカーとのあいだには、実力に圧倒的な開きがありました。日本は1965（昭和40）年に日本サッカーリーグ（JSL）をスタートさせましたが、世界との差は縮まりませんでした。先進地域から遠く離れ、対戦機会が少ないのが一番の課題でした。1978年、日本は世界の強豪チームとの対戦機会を増やすためにジャパンカップ（のちのキリンカップ）を立ち上げました。また81年にはトヨタカップ（FIFAクラブワールドカップの前身）の開催地となって、ヨーロッパと南米のトップクラブの対決を目の前で見る機会をつくりました。

1951年にロンドン・オリンピック優勝のスウェーデンチームの中心だったヘルシングボーリュが来日しました。写真は慶応大学との試合の様子です。

日本がワールドカップに出場できるようになるには、JSLやJリーグ（1993年設立）などで自ら競い合っただけでなく、世界の強豪チームを日本に招いてトップレベルの実力を体感したことが大きな力になっています。

テニスの「アジアの壁」

1960年代から70年代、初めてプロになった石黒修、神和住純、沢松和子選手らの活躍はありましたが、日本のテニスはデビスカップ（国別対抗戦）で世界のトップグループと戦えない状態が続いていました。日本の前に立ちはだかっていた「アジアの壁」は、インドとオーストラリアでした。インドには、デビスカップ（東洋ゾーン、アジアオセアニアゾーン）で17連敗、70年以上勝てませんでした。1970年代、日本のテニス界も、サッカー界と同じように、国内大会の国際化をはかります。ジャパンオープン、セイコースーパーテニス、東レパンパシフィックなどをスタートさせました。田園コロシアム、有明コロシアムなど、目の前で四大大会の制覇者たちのスーパープレーを見られるようになりました。そして1992（平成4）年に松岡修造選手がランキング世界46位に、94年には伊達公子選手が世界5位に。日本も最近のデビスカップでは、ワールドグループで戦えるようになってきました。

日本で開催された国際プロテニスツアーのおもな優勝者

大会	開催期間	シングルスのおもな優勝者
ジャパンオープン（男子）	1972-	ケン・ローズウォール、ジョン・ニューカム、ジョン・マッケンロー、ロジャー・フェデラー、ラファエル・ナダル、錦織圭
セイコースーパーテニス（男子）	1978-1995	ビョルン・ボルグ、ジミー・コナーズ、ジョン・マッケンロー、イワン・レンドル、マイケル・チャン
東レパンパシフィック（女子）	1984-	マニュエラ・マレーバ、マルチナ・ナブラチロワ、シュテフィ・グラフ、伊達公子、マルチナ・ヒンギス、マリア・シャラポワ

日本のスポーツの恩人たち
スポーツ界を盛り上げた外国人選手

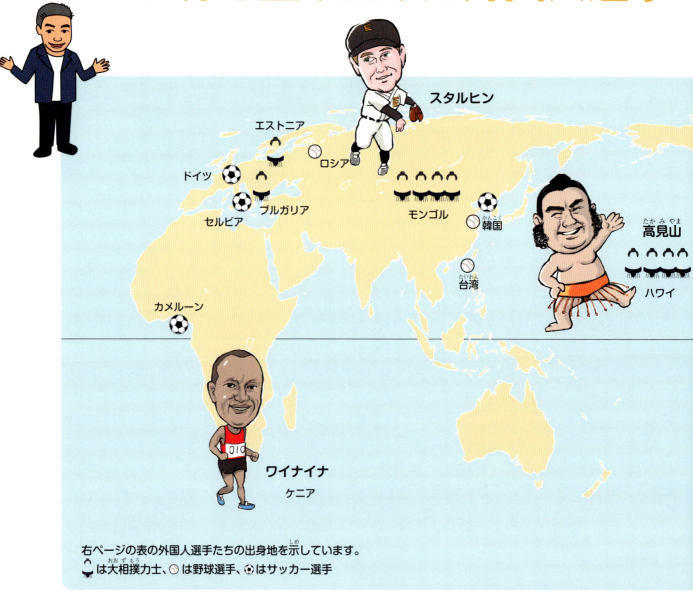

右ページの表の外国人選手たちの出身地を示しています。
🟰は大相撲力士、⚾は野球選手、⚽はサッカー選手

国内優勝7回のマラソンランナー
エリック・ワイナイナ（1973年～　）

　ケニア出身の長距離ランナー。日本で技術をみがいてソウル・オリンピック銀メダリストとなったダグラス・ワキウリ選手にあこがれ、1993（平成5）年に来日しました。実業団の陸上部に所属し、1994年から約10年のあいだに、国内のマラソン大会で7回の優勝をかざります。オリンピックにも、ケニア代表として1996年のアトランタ大会以降3大会連続出場。銀メダルと銅メダルを獲得しています。

日本プロ野球初の300勝投手
ビクトル・スタルヒン（1916～1957年）

　ロシア生まれですが、1925（大正14）年に革命を逃れた両親とともに日本へ亡命し、無国籍でした。北海道の旭川で育ち、中学（いまの高校）野球の北海道大会で活躍して全日本チームによばれ、1936（昭和11）年にプロ野球の東京巨人軍に入団。引退する1955年までの19年間に4球団で303勝をあげました。東京巨人軍のエースだった39年には破られることのないプロ野球記録、年間42勝をあげています。

外国人力士のパイオニア
高見山大五郎（1944年～　）

　アメリカのハワイ（マウイ島）出身。ハワイ巡業にきた4代目高砂親方にスカウトされ、1964（昭和39）年に高砂部屋に入門しました。67年に十両昇進、中国・朝鮮出身者以外で初めての外国出身力士となります。「ジ

2章　スポーツの国際交流

　日本国内にはプロ・アマたくさんのスポーツリーグがあり、いまもたくさんの外国人選手が活躍しています。プロリーグだけでなく、実業団などのアマチュアチームにもチーム強化のために外国人選手が増えてきました。以前は「助っ人」などとよばれることもありましたが、いまはスポーツ選手として自分の力が発揮できる場をもとめてやってくる人たちがほとんどです。チームのため、日本のスポーツ界のために、国籍に関係なく力をつくす選手ばかりです。これまで日本のスポーツ界を盛り上げてくれた外国人選手たちは、どこの国からやってきたのでしょうか。

日本に来て活躍したおもな外国人選手

大相撲	在籍時期	おもな部屋	出身地	最高位、記録
高見山	64-84	高砂部屋	ハワイ	関脇、優勝1回
小錦	82-97	高砂部屋	ハワイ	大関、優勝3回
曙	88-01	東関部屋	ハワイ	横綱、優勝11回
武蔵丸	89-03	武蔵川部屋	ハワイ	横綱、優勝12回
旭鷲山	92-06	大島部屋	モンゴル	小結、金星5個
朝青龍	99-10	若松部屋	モンゴル	横綱、優勝25回
白鵬	01-	宮城野部屋	モンゴル	横綱、優勝40回
日馬富士	01-17	安治川部屋	モンゴル	横綱、優勝9回
琴欧州	02-14	佐渡ヶ嶽部屋	ブルガリア	大関、優勝1回
把瑠都	04-13	三保ヶ関部屋	エストニア	大関、優勝1回

野球	在籍時期	おもな球団	出身地	記録
スタルヒン	36-55	読売	ロシア	303勝、年間42勝
レロン・リー	77-87	ロッテ	アメリカ	生涯打率0.320
R・バース	83-88	阪神	アメリカ	7試合連続本塁打、年間打率記録0.389
ブーマー	83-88	阪急	アメリカ	三冠王
郭 泰源	85-97	西武	台湾	117勝ノーヒットノーラン1回
R・ブライアント	88-95	近鉄	アメリカ	本塁打王3回
デストラーデ	89-92	西武	キューバ	3年連続本塁打王
宣 銅烈	96-99	中日	韓国	セーブ王
T・ローズ	96-09	近鉄	アメリカ	本塁打王4回通算464本塁打
A・ラミレス	01-13	ヤクルト	ベネズエラ	1744試合出場

サッカー	在籍期間	おもなクラブ	出身地	ゴール数
ジーコ	91-94	鹿島	ブラジル	46ゴール
ストイコビッチ	94-01	名古屋	セルビア	79ゴール
エムボマ	97-98, 03-05	G大阪	カメルーン	59ゴール
ラモン・ディアス	93-95	横浜FM	アルゼンチン	59ゴール
ビスマルク	93-01	V川崎	ブラジル	105ゴール
盧 廷潤	93-02	広島	韓国	55ゴール
マルキーニョス	01-15	鹿島	ブラジル	189ゴール
リトバルスキー	93-97	市原	ドイツ	15ゴール
ジュニーニョ	03-13	川崎F	ブラジル	219ゴール
エメルソン	00-05	浦和	ブラジル	145ゴール

ェシー」の愛称で人気力士となり、72年に幕内優勝をかざって、関脇に昇進。日本国籍を取得し、84年に引退したのちは、東関部屋を経営。同じハワイ出身の曙を横綱に育て上げました。

Jリーグの「サッカーの神様」
ジーコ（1953年～　）

　サッカー・ブラジル代表として3度のワールドカップ出場を果たし、数々の栄光に輝きました。日本サッカーリーグ2部の住友金属（のちの鹿島アントラーズ）にやってきたのは1991（平成3）年。89年に引退していたジーコは、ふたたび現役選手としてプレーしながらクラブの選手たちを一から指導し、93年にJリーグが開幕すると鹿島をファーストステージ優勝に導き、リーグトップの強豪チームにしました。その後も2002年から2006年まで日本代表監督を務め、日本サッカーの発展に貢献し続けました。

日本のスポーツの恩人たち

日本を強化したコーチたち

選手としてではなく、コーチとして日本の代表選手を支えてくれた外国人たちがいます。フィギュアスケートの日本選手と外国人コーチが抱き合って喜んでいる姿はよく目にします。テニスの錦織圭選手を台湾系アメリカ人のマイケル・チャンさんが支えているのも有名です。

日本のスポーツ協会の招きに応じて来日し、日本代表チーム強化のために力をつくしてくれた外国人コーチ、監督、アドバイザー。いまもさまざまな競技で外国人コーチが日本の選手たちを支えてくれています。

「日本サッカーの父」
デットマール・クラマー（1925～2015年）

4年後に東京オリンピックを控えた1960（昭和35）年、日本サッカー協会は、サッカー指導者としてドイツからデットマール・クラマーさんを招きました。日本は、前年の予選敗退で、この年のローマ・オリンピックには出場できませんでした。前々年のアジア大会では香港とフィリピンにも敗れていました。クラマーさんは、世界に差をつけられていた日本代表を、東京オリンピックで戦えるチームにするためによばれたのです。

35歳の若い指導者クラマーは、自分で手本を示して選手たちにくり返し基本的な技術の練習をさせました。海外にも遠征して試合をしました。選手たちとのコミュニケーションを大事にして、選手たちのやる気を引き出す指導スタイルでした。釜本邦茂、杉山隆一らの選手たちは、理論的で正確なプレーを重視するクラマー・コーチに心からの信頼を寄せました。

足かけ4年にわたる指導は日本代表躍進の大きな力となり、日本は東京オリンピックでベスト8進出、68年のメキシコ・オリンピックで銅メダルを獲得しました。クラマーさんは、選手強化に加え、指導者たちにも指導法や育成システムを教え、国内リーグ創設の必要性を説きました。日本サッカーの基礎をつくった人としていまも尊敬を集め、「日本サッカーの父」とよばれています。

▼1968年のメキシコ・オリンピック、メキシコとの3位決定戦でゴールを決める日本代表FW釜本邦茂選手（中央）。この試合に勝った日本は銅メダルを獲得し、6試合7得点の釜本は大会得点王に輝きました。

▼アルゼンチンとの試合に勝利したあと、得点した杉山隆一選手（左）をたたえるクラマー・コーチ（1964年、東京オリンピック）。

写真：毎日新聞社

選手たちは「クラマーさんのために戦った」っていったよ。

2章　スポーツの国際交流

6人のチャンプを育てた名トレーナー

エドワード・タウンゼント（1914～1988年）

エドワード（通称エディ）さんは、ハワイ生まれの日系2世です。1962（昭和37）年、プロレスの力道山に誘われて来日しました。1967年、日系アメリカ人のポール・タケシ・藤井を世界王者藤猛に育て上げたのを皮切りに、6人のボクシング世界チャンピオンを世に送りだしました。竹刀でたたくような指導をきらい、ボクサー個人との結びつきを大事にして自分の生活をかえりみない、無私の人がらだったといいます。1990（平成2）年、エディさんを慕う人たちによって、ボクシング界に貢献したトレーナーに贈られる「エディ・タウンゼント賞」が設けられました。

エディ・タウンゼントが育てた世界チャンピオン

リング名	タイトル	獲得年（初回）
藤 猛	WBA・WBC 世界スーパーライト級	1967年4月
海老原博幸	WBAフライ級	1969年3月
柴田国明	WBCフェザー級	1970年12月
柴田国明	WBAスーパーフェザー級	1973年3月
柴田国明	WBCスーパーフェザー級	1974年2月
ガッツ石松	WBCライト級	1974年4月
友利 正	WBCライトフライ級	1982年4月
井岡弘樹	WBCミニマム級	1987年10月
井岡弘樹	WBAライトフライ級	1991年12月

世界に衝撃をあたえた男
エディ・ジョーンズ（1960年～　）

イギリスで開催された2015（平成27）年のラグビーワールドカップ。日本は、1次リーグ初戦で世界ランキング3位の南アフリカを倒して世界を驚かせました。現地で「スポーツ史上最大の番狂わせ」と報道された大金星は、日本代表がワールドカップで24年ぶりにあげた勝利でした。勢いに乗った日本代表は、サモア、アメリカにも勝利、画期的な1大会3勝、勝ち点12をあげたのでした。

この日本チームの目をみはる活躍をつくりだしたのが、2012年から日本代表のヘッドコーチを務めたオーストラリア出身ラグビー指導者エディ・ジョーンズでした。エディさんは、妥協を許さない気性の激しい指導者だといわれています。選手やスタッフにきらわれることを恐れず、4年にわたり、日本代表選手たちに「世界一のハードワーク」といわれたタフな練習を課しました。しかしそれは、ただ厳しいだけのハードワークではなく、「自分が必要とされている」と選手に自覚させたうえでの指導でした。五郎丸歩、田中史朗、山田章仁ら選手1人ひとりの特性を重んじ、選手に合わせた課題のトレーニングを積ませました。エディさんは、技術や戦術だけでなく、勝つための勇気をうえつけて、チームを変えたといわれています。エディさんは、その後ラグビーの母国イングランドのヘッドコーチに就任し活躍しています。

▼2015年のラグビーワールドカップ、南アフリカ戦に勝利して喜び合うエディ・ジョーンズ・ヘッドコーチ（中央右）と日本代表選手たち。

写真：ロイター／アフロ

外国のスポーツに貢献

外国チームの強化につくす

日本チームのレベルアップに外国人コーチが力を貸してくれるのと同じように、日本人コーチが外国チームの強化に力を貸す場合もあります。日本が世界のトップレベルにある競技の指導者が海外に渡ることが多いようですが、それだけではありません。日本の競技レベルに関係なく、指導力にすぐれた日本人コーチはどこでももとめられています。スポーツ医学や科学的トレーニングの知識と実践にすぐれたフィジカルトレーナーも、海外でたくさん活躍しています。

ペルーのバレーボールにささげた人生
加藤 明（1932〜1982年）

南米の国ペルーのバレーボール女子代表チーム。最近は世界ランキング20位前後ですが、1960年代から80年代には世界のトップの座を争っていました。そこには1人の日本人コーチの存在がありました。

1964（昭和39）年、東京オリンピックで日本女子チームを優勝させた日本のバレーボール協会に、バレーボールでほとんど実績のないペルーが、指導者の派遣をもとめてきました。この要請にこたえたのが、才能豊かな元日本代表選手で慶応大学を大学日本一にした監督でもあった加藤明さんでした。

加藤、南米ペルーに渡る

1965（昭和40）年、加藤さんは32歳で単身ペルーに渡りました。彼がまかされた当時のペルー代表は、日本の実業団チーム日紡貝塚から1ポイントも取れず、0-15、0-15でストレート負けするチームでした。加藤さんは、ペルー国内を歩き回って可能性のある少女たちを集めると、日本式の猛練習で彼女たちをきたえ始めました。彼の厳しい練習は「非人道的」「野蛮」と現地で批判されました。しかし、1967年にブラジルを下して南米選手権に優勝し、パンアメリカン大会でアメリカと互角に戦って準優勝すると、加藤監督と女子選手たちは一躍国民のヒーローとなりました。

ペルーが女子バレーの強豪国に

初出場した1968（昭和43）年のメキシコ・オリンピックで、ソ連・日本・ポーランドに次いで4位入賞。1973年のワールドカップでも4位を獲得。ペルーは世界の強豪国のひとつに成長しました。病気もあって加藤さんは1974年に代表監督をやめますが、彼の育てた選手たちが次世代選手育成のコーチとして活躍を始め、1981年の世界ジュニア選手権ではペルーがソ連・日本・キューバ・中国などを破って準優勝しました。ペルーのバレーボールに黄金時代をもたらした加藤明さんは、日本バレーボール界で最初の国際プロコーチでした。

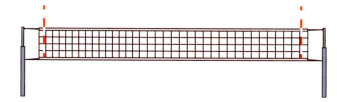

◀ 1982年、加藤明さんはペルーの首都リマで49歳の若さで病死しました。地元新聞は1面トップに「ペルーは泣いている」と大見出しをかかげ、明るく気さくで国民から愛された「アキラ」の記事で紙面を埋めつくしました。ペルー国立競技場での告別式には、偉大な指導者・友人との別れをおしんで、多くの国民が集まったといいます。左は加藤明さんについて書かれた本「アキラ！」（上前淳一郎著、角川文庫）。

2章　スポーツの国際交流

世界で活躍するシンクロ日本人コーチ
井村雅代（1950年～　）

　2007（平成19）年、日本のシンクロナイズドスイミング界は、大騒ぎになっていました。井村雅代元日本代表コーチが、中国代表チームのヘッドコーチに就任したからです。これまでメダル圏外だった中国が、翌年の北京オリンピックでのメダル獲得をめざして、井村さんを招いたのでした。シンクロがオリンピック競技になって以来、日本は6大会続けてメダルを獲得していました。そのあいだずっと日本代表を引っぱってきたのが井村コーチでした。2003年には井村コーチの教え子で元銅メダリストの藤木麻祐子さんがスペイン代表のコーチとなり、スペインが急成長していました。さらに中国がメダル争いに加わってくると、日本のメダルは怪しくなってきます。

中国にメダルをもたらす

　予想通り北京オリンピックは、金メダル確実のロシアに続く日本・スペイン・中国が、銀と銅のメダルを争うことになりました。井村さんから15か月間の指導を受けた中国は、チームで銀、デュエットで銅を勝ち取りました。中国選手たちを短期間で成長させた井村さんの指導は、世界から「井村マジック」とよばれました。

教え合って競い合う時代

　井村元日本代表コーチが中国代表チームのヘッドコーチを引き受けたことについては、当時国内から非難の声があがりました。しかし、代表経験のあるコーチが他国代表のコーチになることは、すでに世界の常識でした。

　同じ北京オリンピックで銀メダルをとったアメリカ女子バレーボール代表チームの郎平監督（国民のヒーローだった元中国代表選手）は、中国出身でアメリカ代表の監督を務めることを問われ、次のように胸を張りました。

　「中国バレーの優秀な技術が認められたからこそ、アメリカに雇われてコーチになっているのです。中国人として誇りに思っています」

　スポーツは、技術・戦術・精神も、練習方法や指導方法も、国をこえて、すべてを教えたり教えられたりしながら競い合い、さらにレベルアップしていく時代になっています。

▶2008年、北京オリンピックでシンクロデュエットの中国ペアを見守る井村雅代コーチ（左）。
　井村コーチは、中国代表チームのヘッドコーチを務めたあと、イギリス代表のコーチなどを経て、2014年に日本代表のコーチに復帰。現在はヘッドコーチとして2020年東京オリンピックでのメダル獲得を目ざしています。
写真:産経ビジュアル

＊シンクロ競技の名称変更について
国際水泳連盟は、2017年より、シンクロナイズドスイミングの種目名を「アーティスティック（芸術的な）スイミング」に変更しました。

外国のスポーツに貢献
発展途上国にスポーツを

　いま先進国のさまざまな団体が、発展途上国におもむいてスポーツの普及活動に力を注いでいます。ひとくちに発展途上国といっても環境はさまざまですから、活動内容も行った先によってちがいます。競技レベルの向上に協力する活動から、スポーツをしていない子どもたちにスポーツを広める活動までいろいろです。スポーツの道具を贈る活動も行われています。日本でもたくさんのボランティアが、政府系の機関やNGO（非政府組織）を通じて、そうした国際協力活動を行っています。

世界で活動するボランティア

　日本で発展途上国のスポーツ普及に早くから取り組んできたのが、政府系組織の国際協力機構（JICA）です。JICAの活動の柱のひとつである青年海外協力隊では、たくさんのボランティアの人たちが世界各地でスポーツ指導に取り組んできました。

　たとえば、エルサルバドルで卓球の各年代の強化選手に技術指導したりする活動、カンボジアのサッカー強化アカデミーで少年たちを指導する活動、ブラジルの日系人社会の少年野球チームで野球の基本を教える活動など、さまざまな活動が行われてきています。

Uさん（男／大学生）
JICA青年海外協力隊
ブラジル／野球指導／2年間
「グラウンド整備や道具の手入れをおろそかにしない、野球に対する姿勢を伝えてきました」

　スポーツの種類も、柔道、水泳、陸上、バレーボール、空手、ラグビー、ソフトボール、体操などさまざまです。要請を受けておもむいた国は、アジア、アフリカ、中南米を中心に、70か国ほどになります。

　JICAのオフィシャルサポーターである元サッカー日本代表の北沢豪さんは、紛争・貧困・環境破壊などで苦しむ国や地域を訪れ、サッカーボールをプレゼントしたりサッカー教室を開いたりして、子どもたちを励ます活動を続けています。

　文化交流を通じて世界各国の日本理解を深めようとしている国際交流基金は、2014（平成26）年から15年に、スーダンからの依頼を受けてレスリングの元学生チャンピオンを現地に派遣しました。スーダンの伝統的レスリングの選手たちに、オリンピック基準のレスリングのルールや技を実践指導する活動でした。

Iさん（男性／教員）
国際交流基金
スーダン／レスリング／通算2か月
「東京オリンピックに出場する選手が生まれてくれることを願っています」

　そのほか、国際的ボランティア団体の活動に参加して、体育やバスケットボールやラグビーなどをアフリカの子どもたちに教えに行った学生たちも大勢います。発展途上国で子どもたちにスポーツを広める活動は、スポーツ環境の向上だけでなく、教育・保健衛生・人権などの普及にもつながる平和活動です。

Hさん（女性／大学生）
海外ボランティア・インターンシップ
南アフリカ／サーフィン／3週間
「海で遊んだこともない子どもたちに、泳ぎ方とサーフィンの楽しさを教え、海の安全指導もしてきました」

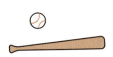

2章　スポーツの国際交流

発展途上国のスポーツ

新聞などにのるオリンピックの国別メダル獲得ランキングを見ると、上位を占めているのは先進国ばかりです。このシリーズの第3巻でも紹介していますが、近年ではどんなスポーツでも、強い選手づくり、強いチームづくりを目ざすとお金がかかります。練習の工夫や努力だけでは限界があって、経済的にめぐまれていない国や地域の選手は、なかなか世界トップレベルには到達できません。アフリカ・東南アジア・南米の「発展途上国」がメダルランキングで上位にならない一番の理由は、世界的経済格差にあります。

▲ 2016年のリオデジャネイロ・オリンピック、太平洋の島国フィジーは新採用の7人制ラグビーで同国初のメダルとなる金メダルを獲得。初めて国別メダル獲得ランキングに名を連ねました（同率54位）。

写真：アフロ

裸足の子どもたちに運動靴を

直接スポーツの指導をするわけではありませんが、同じように発展途上国のスポーツに貢献している活動に「スマイル アフリカ プロジェクト」があります。世界には、靴が買えず、裸足やぼろぼろのサンダルで生活している子どもたちがたくさんいます。スマイル アフリカ プロジェクトは、日本国内で一般の協力者たちから靴を回収し、靴をはけないケニアの子どもたちに寄贈する活動をしています。

集められるのは、サイズが合わなくてはけなくなった傷んでいないランニングシューズ。とどける先は、ケニアの地方の小学校、孤児院や非行少年たちの施設、病気や障害のある子どもたちの学校、スラムなどです。ＪＩＣＡの現地スタッフほか多くの人たちのサポートを受けてとどけられています。

走り回れる喜び

この運動を広めるために、日本とケニアでマラソン大会が開催されていますが、それ以上にスポーツのすばらしさを教えてくれるのが、靴をはいた子どもたちがうれしそうに走りだすときの目の輝きです。靴は、けがや病気、痛みから足を守るだけでなく、スポーツのできる環境の大切さを教えてくれているのです。

この活動では、日本で経験をみがき数々のマラソン大会に優勝したダグラス・ワキウリさんと女子マラソンのオリンピック金メダリスト高橋尚子さんが、公式サポーターを務めています。

外国のスポーツに貢献
海外にライバルがいて強くなる

海外の指導者の派遣などとはちがった意味で代表選手や代表チームを強くするのが、国外のライバルの存在です。実力が接近していてメダルを争うような相手は、いつでもライバルとよばれます。「永遠のライバル」「絶対に負けられない相手」などといわれる激しいライバル関係もあります。20世紀後半のアメリカとソ連は、東西冷戦の対立もあって、オリンピックで激しいメダル争いを演じました。政治的に対立する2国や地理的に近い2国が、スポーツ競技で力が均衡していると、強いライバル意識が生まれるようです。相手に対する敬意を忘れず大事に維持していくと、ライバルの存在は双方のレベルアップにとって大きな力となります。

サッカーのライバル国

ブラジルとアルゼンチン

サッカーのブラジル代表とアルゼンチン代表の対戦は、20世紀の初期に始まり、これまでおよそ100試合を戦って成績はほとんど互角です。ワールドカップで見ると、ブラジルの20回出場5回優勝に対して、アルゼンチンが16回出場2回優勝で、ブラジルが1歩リードしています。しかし南米選手権では、アルゼンチンが14回優勝。8回優勝のブラジルに勝ちこしています。ブラジルには、ペレ、ジーコ、ネイマール選手などの、アルゼンチンには、マラドーナ、メッシ選手などの世界的スーパースター選手がいます。

南米はサッカーが早くから盛んだった地域ですが、この2国がライバルとして競い合ってきたことが、ヨーロッパと世界のサッカーを2分する、現在の地位をつくってきたといえそうです。

日本と韓国

サッカーで日本のライバル国といえば、おとなりの韓国です。戦後の長いあいだ、日本のサッカーは韓国に後れをとっていました。韓国代表は、ワールドカップ本大会出場も日本よりずっと早く、日本が初出場した1998（平成10）年のフランス大会以前に4回の出場を経験していました。日本代表は、「韓国に追いつきたい」「韓国に勝ちたい」と意識しながら強化をはかり、1972（昭和47）年から1991年には、日韓定期戦も開催していました。1990年代までの日本は、韓国に圧倒的に負けこしています。

Jリーグの設立、外国人代表監督の就任、ワールドカップ日韓大会の開催などを経て日本代表も力をつけ、最近の対戦成績は均衡しています。なかなか勝てない国がおとなりにあったことが、「強くなりたい」と日本代表のモチベーションを強く刺激し続けてきたことは確かなようです。

◀ブラジル対アルゼンチン戦。ワールドカップ2018ロシア大会の南米予選。メッシ（左）とネイマール（右）、2人は両国のエースです。

写真:Getty Images

2章 スポーツの国際交流

浅田真央とキム・ヨナ

女子フィギュアスケートの浅田真央選手と韓国のキム・ヨナ選手は、14歳のとき世界のジュニアの大会に出場して顔を合わせるようになりました。ともに1990（平成2）年9月生まれで、すぐに励まし合う友だちになったようです。2006年から2010年にかけて2人は世界のトップの座を争いました。世界の大きな大会のほとんどを2人のどちらかが優勝しています。キム選手の迫力のある演技と安定したジャンプ、浅田選手の繊細で流れるようなスケーティングと難易度の高いトリプルアクセル。2人は、友だちでありながら、周囲からはつねにライバルを意識させられました。

宿命のライバル

オリンピックでは、2010（平成22）年のバンクーバー大会と2014年のソチ大会の2度対決しています。バンクーバーはいっしょに表彰台に立ちましたが、ソチでは浅田選手がメダルをのがしました。2人とも国民的人気が高い有力な金メダル候補でした。日本と韓国の関係が悪化しているなか、「宿命のライバル」といわれて、どちらも強いプレッシャーを感じたことでしょう。キム選手はソチ・オリンピック後に引退、浅田選手は3年後の2017年まで現役選手を続けました。

＊右の表以外に、浅田真央選手は、2005年・12年・13年のグランプリファイナル、2014年の世界選手権でも優勝。
＊キム・ヨナ選手は、2009年の世界選手権とグランプリファイナルでも優勝。2014年のソチ・オリンピックで準優勝しています。

▲ 2010年3月の世界選手権（トリノ）で表彰台に立つ浅田真央選手（中央）とキム・ヨナ選手（左）。右はフィンランドのラウラ・レピスト選手。
写真：ロイター／アフロ

浅田真央選手とキム・ヨナ選手がいっしょに表彰台に上がった試合

年	大会	金	銀	銅
2004	ジュニアグランプリファイナル	浅田真央	キム・ヨナ	K・マイズナー
2005	世界ジュニア選手権	浅田真央	キム・ヨナ	E・ヒューズ
2006	世界ジュニア選手権	キム・ヨナ	浅田真央	C・ズコウスキー
2006	グランプリファイナル	キム・ヨナ	浅田真央	S・マイアー
2007	世界選手権	安藤美姫	浅田真央	キム・ヨナ
2007	グランプリファイナル	キム・ヨナ	浅田真央	C・コストナー
2008	世界選手権	浅田真央	C・コストナー	キム・ヨナ
2008	グランプリファイナル	浅田真央	キム・ヨナ	C・コストナー
2010	バンクーバー・オリンピック	キム・ヨナ	浅田真央	J・ロシェット
2010	世界選手権	浅田真央	キム・ヨナ	L・レピスト
2013	世界選手権	キム・ヨナ	C・コストナー	浅田真央

セナとプロスト

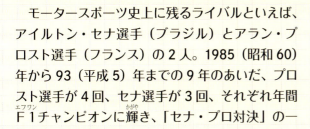

モータースポーツ史上に残るライバルといえば、アイルトン・セナ選手（ブラジル）とアラン・プロスト選手（フランス）の2人。1985（昭和60）年から93（平成5）年までの9年のあいだ、プロスト選手が4回、セナ選手が3回、それぞれ年間F1チャンピオンに輝き、「セナ・プロ対決」の一時代をつくりだしました。2人はマクラーレンホンダのチームメイトであったときも、激しいトップ争いを演じ、観衆をわかせました。

2人の対決は、93年を戦い終えてプロスト選手が引退、翌年には「音速の貴公子」とよばれたセナ選手がレース中に激突死して終わりを告げました。

スポーツで世界をつなぐ
卓球が国と国とのかけ橋に

ピンポン外交

40年以上前、「ピンポン外交」とよばれた世界的な出来事がありました。ピンポンとは、もちろん卓球のこと。これは歴史上でもめずらしい、スポーツの名前がついた外交の話です。

アメリカと中国（中華人民共和国）は、朝鮮戦争（1950～1953年）で戦火を交えたあと、国交を結ぶことなく、ずっと敵対していました。それでも1970年ごろになると、両国とも外交関係をもちたいと思うようになっていました。

1971（昭和46）年、日本の名古屋市で世界卓球選手権が開催されました。国内問題から2大会連続不参加だった中国は、この名古屋大会に6年ぶりに選手団を送りました。

この大会で、思いがけぬハプニングが起こりました。大会会場へ向かう中国チームのバスに1人のアメリカ選手がまちがえて乗りこんでしまったのです。中国選手は、国からアメリカ人との接触を禁じられていました。しかし、中国チームの元世界チャンピオン荘則棟選手は、このハプニングにスポーツマンらしい態度でのぞみました。アメリカ人選手に対し、握手とともに友好的な言葉をかけ、プレゼントを手渡したのです。

この出来事をきっかけにして、中国の毛沢東主席は、アメリカ卓球チームを中国に招待し、アメリカに関係改善のメッセージを送りました。以後、国交樹立へ向けて、両国の国交正常化交渉が始まることになります。翌72年にはアメリカのニクソン大統領が中国を訪問しました。世界卓球選手権での出来事からアメリカ卓球チームの中国訪問へと続く、中国とアメリカの関係改善の外交は、「ピンポン外交」とよばれました。

ピンポン外交に道をつけた日本人たち

世界卓球選手権への参加をやめていた中国に大会復帰を説き、復帰できるように努力したのは、日本の卓球関係者たちでした。世界選手権大会の名古屋開催が決まると、元世界チャンピオンの荻村伊智朗さんは、顔見知りだった中国の周恩来首相に何度も会い、中国チームを世界卓球選手権にもどすように訴えました。

世界大会に参加していた1960年代前半の中国卓球は世界最強でした。荻村さんは、中国卓球を世界の舞台にもどすこと

◀中国チームが6年ぶりに参加した1971年の世界卓球選手権大会、男子団体戦では中国が4度目の優勝をかざりました。試合終了後の日本と中国の選手たち（1971年2月愛知県体育館）。

写真：毎日新聞社

2章　スポーツの国際交流

を通じて、中国が国際社会で孤立している状態を終わらせましょうと説得したのです。

中国を世界大会に参加させるためには、アメリカや日本が国交を結んでいる「もうひとつの中国」の台湾（中華民国）をアジアの卓球組織から排除する必要がありました。この難題の解決を引き受けたのは、日本卓球協会の会長だった後藤鉀二さんでした。アジア卓球協会の会長でもあった後藤さんは、アジア諸国や日本政府から批判を受けながらも、世界の平和のために、中国が世界選手権に復帰できるよう、アジアの卓球組織を変革したのでした。

＊現在台湾は「中華民国」を名のらず「チャイニーズタイペイ」としてアジア卓球連盟に復帰しています。

荻村伊智朗（1932～1994年）

1954（昭和29）年、56年の世界選手権シングルス優勝のほか、ダブルス・団体など多くの種目で金メダルを獲得した卓球選手。日本の卓球が世界のトップに立っていた1950年代、その中心となって活躍しました。引退後は、ピンポン外交の影の立役者となったほか、1987年に国際卓球連盟（ＩＴＴＦ）の会長になると、1991（平成3）年の世界卓球選手権千葉大会で実現した、韓国と北朝鮮による「統一コリア」チームづくりに力を注ぎました。荻村さんのＩＴＴＦ会長就任は、日本人（アジア人）で初めてのスポーツ競技の国際連盟会長です。荻村さんは、卓球と国際平和に生涯をささげて62歳で亡くなりました。

写真：共同通信社

写真：共同通信社

▶1991年の世界卓球選手権大会に出場した「統一コリア」チームは、女子ダブルスで世界最強の中国チームを破って優勝しました。このときの表彰式で、韓国・北朝鮮両国が話し合って決めていた統一チームの応援旗（統一旗）が掲揚されました。その後、統一旗は、シドニー（2000年）、アテネ（2004年）、トリノ（2006年）、平昌（2018年）のオリンピック開会式で、両国合同行進の先頭をかざっています。

スポーツに戦争を終わらせられるほどの力があるわけではありません。「始めるのはかんたんで、終わらせるのはむずかしい」のが戦争だといわれています。いまスポーツに期待されているのは、戦争の解決ではなく、国と国、民族と民族、人と人を信頼で結んで、戦争が起こらない環境をつくることです。2008（平成20）年4月、世界最大の平和組織である国際連合は、スポーツがもっている力の重要性を認めて、「国連開発と平和のためのスポーツ事務局（ＵＮＯＳＤＰ）」を設置しました。

さくいん

青字はスポーツ競技・種目名

あ

- アイスホッケー……………… 18
- 浅田真央…………………… 43
- アジアの壁………………… 33
- アパルトヘイト…………… 25
- アフリカ系………… 10, 11, 25
- アメリカンフットボール……… 11
- 新井茂雄…………………… 29
- 荒井広宙……………………… 7
- イスラム…………………… 15
- イチロー……………………… 8
- 井村雅代…………………… 39
- インターハイ……………… 16
- インディ500……………… 11
- ウェストン（ウォルター）…… 31
- 右近徳太郎………………… 29
- エールの交換……………… 23
- 駅伝………………………… 17
- NGO………………………… 40
- FCバルセロナ……………… 4
- F1…………………………… 43
- 王貞治……………………… 16
- 大江季雄………………… 6, 29
- 大阪朝鮮高級学校………… 17
- 大相撲…………… 18, 19, 35
- 大宮アルディージャ………… 4
- 荻村伊智朗………………… 44
- オシム（イビツァ）………… 26
- オリンピック
  ………… 5, 6, 7, 14, 15, 20, 21,
  24〜27, 31, 36, 39, 43
- オリンピック憲章
  ………………… 14, 20, 24, 25

か

- 外国人選手……………… 17, 34
- 外国人力士……………… 19, 34
- 景浦将……………………… 28
- 加藤明……………………… 38
- 嘉納治五郎………………… 31
- 釜本邦茂…………………… 36
- 川本泰三…………………… 29
- がんばろうKOBE……………… 8

- キエル兄弟………………… 5
- 北沢豪……………………… 40
- キム・ヨナ………………… 43
- キリンカップ……………… 33
- 金メダル… 15, 20, 29, 39, 43
- クーパー（シャーロット）…… 14
- クーベルタン……………… 14
- クラマー（デットマール）…… 36
- 経済格差…………………… 41
- 甲子園大会…………… 16, 28
- 公民権運動………………… 10
- 国際オリンピック委員会（IOC）
  …………………………… 25, 31
- 国際サッカー連盟（FIFA）
  ………………… 11, 13, 23
- 国際卓球連盟（ITTF）…… 45
- 国際連合…………………… 45
- 国籍… 12, 16, 17, 18, 19, 35
- 国籍主義…………………… 19
- 国籍条項…………………… 16
- 国民体育大会（国体）…… 16
- 国連開発と平和のためのスポーツ事務局（UNOSDP）………… 45
- 50キロ競歩………………… 7
- 後藤鉀二…………………… 45
- ゴルフ……………………… 14

さ

- サッカー
  ……… 4, 8, 12, 18, 23, 26, 29,
  32, 35, 36, 42
- 佐藤琢磨…………………… 11
- 差別撲滅宣言……………… 12
- サポーター……………… 13, 23
- 澤穂希………………………… 8
- 沢村栄治…………………… 28
- サンフランシスコ・シールズ… 32
- ジーコ………………… 35, 42
- Jリーグ……… 12, 19, 33, 35
- 7人制ラグビー…………… 41
- 自動車レース……………… 11
- 嶋清一……………………… 28
- JICA（国際協力機構）…… 40

- ジャパンオープン………… 33
- ジャパンカップ…………… 33
- 柔道…………………… 4, 20, 31
- ジュニアサッカーワールドチャレンジ………………………… 4
- ジョーダン（マイケル）…… 11
- ジョーンズ（エディ）……… 37
- 職業野球……………… 28, 32
- 女性差別…………………… 14
- シンクロナイズドスイミング
  ……………………… 14, 39
- 人種差別…………… 10, 12, 25
- 新体操……………………… 14
- 水泳………………………… 9
- スキー……………………… 31
- 杉山隆一…………………… 36
- スタルヒン（ビクトル）… 32, 34
- スポーツマンシップ
  ………… 4, 12, 20, 23, 25
- スポーツ留学……………… 17
- スマイルアフリカプロジェクト 41
- 聖火リレー………………… 24
- セイコースーパーテニス… 33
- 世界卓球選手権…………… 44
- セナ（アイルトン）………… 43
- 戦死……………………… 6, 28
- 先進国……………………… 40
- 荘則棟……………………… 44

た

- 体育………………………… 30
- 第三国開催………………… 23
- 大リーグ……… 10, 11, 28, 32
- タウンゼント（エドワード）… 37
- 高橋豊二…………………… 29
- 高橋尚子…………………… 41
- 高見山大五郎………… 19, 34
- 竹内悌三…………………… 29
- ダゴスティノ（アビー）……… 7
- 卓球…………………… 18, 44
- ダルビッシュ有…………… 11
- ダンフィー（エバン）……… 7
- 地域主義…………………… 19

鎮魂の碑 …………………… 28
円谷幸吉 …………………… 21
テニス ………………… 14, 30, 33
デビスカップ ………………… 33
「統一コリア」チーム ………… 45
東京オリンピック（1940年）
　………………………… 26, 29
東京オリンピック（1964年）
　………… 5, 21, 26, 36, 38
東西冷戦 ………………… 24, 42
東レパンパシフィック ………… 33
登山 …………………………… 31
トヨタカップ ………………… 33

な

中村憲剛 …………………… 12
なでしこジャパン ……………… 8
難民選手団 …………………… 27
ニグロリーグ ………………… 10
西竹一 ………………………… 29
西田修平 ……………………… 6
日韓定期戦 …………………… 42
200m平泳ぎ ………………… 15
日本オリンピック委員会（JOC）
　………………………… 20, 24
日本サッカー協会（JFA）
　………………………… 13, 36
日本サッカーの父 …………… 36
日本サッカーリーグ（JSL）
　………………… 18, 33, 35
日本代表監督 …………… 26, 35

は

馬術 …………………………… 29
バスケットボール …… 11, 15, 18
発展途上国 …………………… 40
バレーボール …………… 38, 39
パレスチナゲリラ …………… 26
バロン西 ……………………… 29
阪神・淡路大震災 ……………… 8
ハンブリン（ニッキ） ………… 7
東日本大震災 ………………… 8
ヒジャブ ……………………… 15

人見絹枝 ………………… 14, 15
ヒトラー ……………………… 24
氷上の格闘技 ………………… 18
ピンポン外交 ………………… 44
フィギュアスケート …………… 43
FIFAクラブワールドカップ …… 33
フーリガン …………………… 13
フェアプレー …………………… 5
藤木麻祐子 …………………… 39
フジヤマのトビウオ …………… 9
古橋広之進 …………………… 9
プロスト（アラン） …………… 43
プロレス ……………………… 9
ペイジ（サチェル） …………… 10
ヘッドコーチ …………… 37, 39
ヘルシングボーリュ ………… 32
ベルリン・オリンピック
　……………… 6, 15, 24, 29
ベルリンの奇跡 ……………… 29
ボイコット …………………… 24
棒高跳び ……………………… 6
ボート ………………………… 30
ボクシング ……………… 14, 37
ボスニア・ヘルツェゴビナ …… 27
ボランティア ………………… 40

ま

前畑秀子 ……………………… 15
松永行 ………………………… 29
マラソン ………… 14, 17, 21, 34
無観客試合 ……………… 13, 23
無国籍 …………………… 19, 34
メダル至上主義 ……………… 19
モスクワ・オリンピック ……… 24

や

野球 ……………………………
　10, 16, 18, 28, 30, 32, 34, 35
山下泰裕 ……………………… 20
ユーゴ紛争 …………………… 26
友情のメダル ………………… 6
ヨット ………………………… 5

ら

ライバル ………………… 23, 42
ラグビー ……… 17, 19, 30, 37
ラシュワン（モハメド） ……… 20
ラトケ（リナ） ………………… 15
力道山 …………………… 9, 37
陸上5000m ………………… 7
陸上800m …………………… 15
リスペクト …………………… 13
ルース（ベーブ） …… 9, 28, 32
レスリング …………………… 14
レルヒ（テオドール・フォン） 31
郎平 …………………………… 39
ロサンゼルス・オリンピック（1932
　年） ……………………… 15, 29
ロサンゼルス・オリンピック（1984
　年） ………………… 14, 20, 24
ローレウス世界スポーツ賞 …… 4
ロビンソン（ジャッキー） …… 10

わ

ワールドカップ（サッカー）
　………… 8, 23, 26, 32, 42
ワールドカップ（ラグビー）
　……………………… 19, 37
ワールドカップ日韓大会 … 23, 42
ワイナイナ（エリック） ……… 34
若林仁・若林修 ……………… 18
ワキウリ（ダグラス） …… 34, 41

図表一覧

日本サッカー協会がかかげる「リスペクト宣言」
　行動規範11 ………………… 13
オリンピックの女性の参加比率の変化 …… 14
戦争で中止されたオリンピック ………… 26
旧ユーゴスラビア諸国 ………………… 27
おもなスポーツの日本に伝わった年 …… 30
日本で開催された国際プロテニスツアーのおも
　な優勝者 …………………………… 33
日本に来て活躍したおもな外国人選手 …… 35
エディ・タウンゼントが育てた世界チャンピオン
　…………………………………… 37
浅田真央選手とキム・ヨナ選手がいっしょに表
　彰台に上がった試合 ………………… 43

監修：中西哲生（なかにし・てつお）

1969年、愛知県出身。スポーツジャーナリスト、サッカー解説者。元プロサッカー選手。「サンデーモーニング」（ＴＢＳ）「中西哲生のクロノス」（TOKYO FM 等JFN系列）などテレビ・ラジオで活躍中。著書に『不安定な人生を選ぶこと』『新・キックバイブル』（いずれも、幻冬舎）『日本代表がＷ杯で優勝する日』（朝日新聞出版）、共著書に『魂の叫び　Ｊ２聖戦記』（金子達仁・戸塚啓共著、幻冬舎文庫）『ベンゲル・ノート』（戸塚啓共著、幻冬舎）など。

執筆グループ

千田 善（ちだ・ぜん）

1958年、岩手県出身。国際ジャーナリスト。イビツァ・オシム氏のサッカー日本代表監督就任にともない専任通訳を務める。著書『ユーゴ紛争』（講談社現代新書）、『ワールドカップの世界史』『オシムの伝言』（いずれも、みすず書房）、『ユーゴ紛争はなぜ長期化したか』（勁草書房）『世界に目をひらく』（岩崎書店）など。

西戸山 学（にしとやま・がく）

1951年、大分県出身。出版社勤務を経て、フリーライター。歴史・地理関係の書籍執筆。著書『行基と大仏』（岩崎書店）など。

小松卓郎（こまつ・たくお）

1961年、北海道出身。おもに歴史・スポーツ・医学・宗教関係の編集人として書籍出版多数。

デザイン
本文／柳 裕子　表紙／村口敬太（スタジオダンク）

イラスト・図版
柳 裕子　板垣真誠　木川六秀

企画・編集・制作
キックオフプラス（小松亮一　すずきしのぶ）　倉部きよたか

写真提供
カバー・表紙：Action Images/ アフロ
本扉：PIXTA

スポーツでひろげる国際理解
②差別をのりこえていくスポーツ

2018年3月　初版第1刷発行
監修者　中西哲生
発行者　水谷泰三
発行所　株式会社**文溪堂**

〒112-8635　東京都文京区大塚 3-16-12
ＴＥＬ　営業（03）5976-1515　編集（03）5976-1511
ホームページ　http://www.bunkei.co.jp
印刷・製本　図書印刷株式会社
乱丁・落丁は郵送料小社負担でおとりかえいたします。定価はカバーに表示してあります。
©Tetsuo Nakanishi & BUNKEIDO Co.,Ltd　2018　Printed in Japan
ISBN978-4-7999-0257-8　NDC780　48p　293 × 215mm

スポーツのグローバリゼーションとナショナリズムがわかると、世界がわかる！

スポーツでひろげる国際理解（全5巻）

監修：中西哲生（スポーツジャーナリスト）

- スポーツを多角的な視点から紹介し、その力について考えてもらうシリーズ。スポーツの歴史がまとまって解説してあり、調べ学習のテーマとしても役立ちます。

- 2018年のサッカー、2019年のラグビーの各ワールドカップ、2020年の東京オリンピック・パラリンピック…と次々と開かれるビッグイベントでの国際交流のヒントがいっぱい。

- スポーツの楽しい面はもとより、スポーツの人種差別の歴史や、現在でも問題になっているヘイト問題など、今日的な課題も取り上げ、それをスポーツの側からどうのりこえていくか…子どもたちに考えてもらう内容です。

- オリンピック・パラリンピックをはじめとするワールドイベントで、よくいわれるスポーツ＝国威発揚といったナショナリズムの問題と、それだけではおさまりきらない、最近の海外で活躍する日本人選手や外国のチームの指導をする日本人コーチ、海外留学する日本の若者などに見られる、スポーツのグローバリゼーションの側面も捉えた内容は、子どもたちの興味関心を大いに引き出します。

- パラリンピックをはじめ、知っているようで知らない障がい者スポーツのあれこれについても子どもたちにわかりやすく解説、見るだけでなく、体験することを通じてスポーツを通じたバリアフリーについても理解を深め、他人事ではなく自分の事として考えて行動する素地を養えます。

各巻構成

A4変判
各48ページ
NDC780
（スポーツ）

1　どこでどうはじまった？　スポーツ
2　差別をのりこえていくスポーツ
3　国境をこえるスポーツ
4　世界をひとつにする国際大会
　　～オリンピック・ワールドカップなど
5　知ろう・やってみよう障がい者スポーツ